BERGSON
ET LE CHRIST DES ÉVANGILES

DU MÊME AUTEUR

À LA MÊME LIBRAIRIE

Antonin Artaud et l'essence du théâtre, 256 pages, 1974
Bergson dans l'histoire de la pensée occidentale, 134 pages, 1989
Blaise Pascal : conversion et apologétique, 268 pages, 1986
Blaise Pascal : commentaires, 408 pages, 1966, 2e éd., 1971, 3e éd.,1984
Pascal et les humanistes chrétiens. L'affaire Saint-Ange, 168 pages, 1974
Cartésianisme et Augustinisme au XVIIe siècle, 248 pages, 1978
Descartes. Essais sur le « Discours de la méthode », la métaphysique et la morale, 312 pages, 1937, 3e éd., 1973
Études sur l'histoire des idées en France depuis le XVIIe siècle, 196 pages, 1980
Fénelon philosophe, 220 pages, 1977
Trois essais sur Étienne Gilson : Bergson, la philosophie chrétienne, l'art, 96 pages, 1993
La vocation de Malebranche, 174 pages, 1926
Histoire philosophique du sentiment religieux en France :
  Malebranche et son expérience religieuse, 440 pages, 1926, 2e éd., 1948
  Les conversions de Maine de Biran, 440 pages, 1947
La pensée métaphysique de Descartes, 410 pages, 1962, 1969, 1978, 1987
La pensée religieuse de Descartes, 346 pages, 1924, 2e éd., 1972
La philosophie d'Auguste Comte, Ep
La vie d'Auguste Comte. Avant-propos de A. Petit, 248 pages, Gallimard, 1931, Vrin, 1965, 1997
L'anti-humanisme au XVIIe siècle, Ep
Les méditations métaphysiques de Jean-Jacques Rousseau, 284 pages, 1970, 2e éd., 1984
Les premières pensées de Descartes. Contribution à l'histoire de l'anti-Renaissance, 168 pages, 1958, 2e éd., 1979
Le théâtre et l'existence, 224 pages, Aubier, 1952, Vrin, 1973, 3e éd., 1980
Renan, auteur dramatique, 168 pages, 1972
Rousseau et Voltaire. Portraits dans deux miroirs, 480 pages, 1983
La jeunesse d'Auguste Comte et la formation du positivisme :
  Tome 1 : *Sous le signe de la liberté*, 322 pages, 1933
  Tome 2 : *Saint-Simon jusqu'à la Restauration*, 392 pages, 1936, 2e éd., 1964
  Tome 3 : *Auguste Comte et Saint-Simon*, 456 pages, 1941, 2e éd., 1970
La philosophie et son histoire, 1944
L'histoire et sa philosophie, 1952

CHEZ D'AUTRES ÉDITEURS

Benjamin Constant devant la religion, Desclée de Brower, 1967, Ep
L'essence du théâtre, Plon, 1943, Flammarion, 1958, Aubier, 1968, Les Introuvables, 1978
L'œuvre théâtrale, Flammarion, 1958, Ep
Le théâtre et les arts à deux temps, Flammarion, 1989, Ep
Le combat de Marie Noël, Stock, 1971, Ep
Maine de Biran par lui-même, Seuil, 1970, Ep
Notre ami Maurice Barrès, Aubier, 1928, Ep

BIBLIOTHÈQUE D'HISTOIRE DE LA PHILOSOPHIE

NOUVELLE SÉRIE

Fondateur : Henri GOUHIER Directeur : Jean-François COURTINE

BERGSON
ET
LE CHRIST DES ÉVANGILES

par

Henri GOUHIER

Troisième édition revue et corrigée

PARIS
LIBRAIRIE PHILOSOPHIQUE J. VRIN
6, Place de la Sorbonne, V[e]

1999

Avertissement

L'édition de Madame Mossé Bastide : Bergson, *Écrits et paroles*, Paris, P.U.F., 3 vol., 1957 et 1959, étant épuisée, sont cités ces mêmes textes dans le recueil : Bergson, *Mélanges*, Paris, P.U.F., 1972. Voir la table des correspondances p. 144 établie par Monsieur J.-L. Vieillard-Baron.

Imprimé en France
ISSN 0249-7980
ISBN 2-7116-0925-1

A André George

AVANT-PROPOS

Les mots « philosophie du Christianisme » correspondent très exactement à ce qui apparaît dans l'avant-dernier chapitre du dernier livre de Bergson. Comprendre ces pages, ce sera évidemment voir leur rapport à l'œuvre qui les précède; or, c'est trop peu dire qu'elles la supposent : elles la contiennent et l'expriment. Chercher leur sens, c'est donc se demander comment elles signifient le bergsonisme tout entier.

Ce « comment » ne peut-être que bergsonien. Il ne s'agit pas de logique, ni au sens où le bergsonisme serait une chaîne de théorèmes mathématiques, ni au sens où il serait le développement d'un germe. La philosophie de l'évolution créatrice est elle-même évolution créatrice d'une philosophie; la pensée d'Henri Bergson est une invention continue : la fin contient le commencement, mais le commencement ne contient pas la fin. Il nous faut donc, dans une vision nécessairement panoramique de la doctrine *se faisant,* marquer les moments décisifs de l'imprévisible itinéraire qui, d'après les documents connus, commence avec les réactions du jeune normalien des années 1880 et suivantes, pour aboutir aux *Deux sources de la morale et de la religion,* publiées en 1932.

L'impression que laisse cet itinéraire est celle d'une constante originalité. Au lendemain de la mort de Bergson, en tête d'une étude très complète sur son œuvre, M. Georges Davy écrivait : « Il est difficile aujourd'hui, quand plus de cinquante années déjà ont loué ou dénigré cette doctrine, mais en même temps ont incorporé tant de ses vues et de ses images à l'usage commun du langage et de la philosophie, de mesurer l'originalité dont s'auréola tout de suite, en plein triomphe de l'intellectualisme et du scientisme, la thèse – qui en était alors une au sens le plus fort du mot – sur *Les données immédiates de la conscience*[1]. » Originalité

1. G. Davy, *Henri Bergson*, 1859-1941, extrait de la *Revue universitaire*, 1941, n°4 et 5, p. 5.

dont « s'auréole » chacun des livres suivants, avec cette différence, toutefois, qu'elle semble avoir été moins immédiatement et qu'elle reste moins vivement sentie pour le dernier. Faire ressortir la signification profondément bergsonienne des *Deux sources* sera, du même coup, reconnaître que, jusqu'à la fin, cette nouvelle philosophie n'a cessé d'être « une philosophie nouvelle[1] ».

De fait, l'histoire nous montre que seules survivent à leur époque les philosophies qui furent vraiment nouvelles, c'est-à-dire qui le furent non pour obéir à un parti-pris d'originalité ou aux exigences de la « dernière heure », mais pour proposer un regard neuf sur le monde. Or, cette survie ne serait qu'une seconde mort si le passé ne retrouvait en elle ce qu'il avait d'inattendu et de provocant lorsqu'il était du présent. Bergson est aujourd'hui un classique de la philosophie ; sa pensée fournit des sujets de dissertation aux examens ; les jurys de concours taillent dans ses livres des explications de textes. Grandeur et misère des « auteurs du programme » ! On risque d'oublier que l'intention qui les fit écrire fut polémique, une pensée inédite ne pouvant se poser qu'en s'opposant. « Mes livres ont toujours été l'expression d'un mécontentement, d'une protestation. » Jean La Harpe qui rapporte ce propos de Bergson ajoute : « Il l'a dit sur un ton presque véhément[2]. » Pour qui sait les lire dans leur contexte historique, les titres seuls de ses livres sont déjà des « défis », selon une juste remarque de M. Georges Davy[3]. Même celui du dernier : affirmer qu'il y a deux sources de la religion, c'était à la fois rejeter l'idée kantienne d'une religion dans les limites de la simple raison, refuser la thèse d'une origine sociale de la religion, renoncer à la séparation classique de la métaphysique et de la mystique, inviter le christianisme à chercher son essence dans l'histoire de sa spiritualité.

Ce caractère révolutionnaire de sa philosophie, Bergson le souligne fortement lorsque, pour la distinguer des sciences, il déclare : « Elle visera à élargir de plus en plus les cadres de l'entendement, dût-elle briser tel ou tel d'entre eux, et à dilater indéfiniment la pensée humaine[4]. » Ce professeur paisible et de tempérament plutôt conservateur fut l'inventeur d'une philosophie explosive : celle-ci se présente comme une nouvelle vision du réel, imposant une rupture violente avec les systèmes d'idées et d'images

1. Édouard Le Roy, *Une philosophie nouvelle*, H. Bergson, Paris, Alcan, 1912.

2. Jean La Harpe, *Souvenirs personnels d'un entretien avec Bergson*, dans *Henri Bergson*, Cahiers du Rhône, p. 359.

3. Art. cit., p. 5-6.

4. *La philosophie*, dans *La Science française*, Paris, Larousse, 1915 ; *Mélanges*, p. 1182.

quotidiennes qui nous les cachent; « ...désentraver l'homme de descendre certaines pentes mentales... », disait Péguy [1].

Comment cette vision nouvelle s'est-elle étendue jusqu'à « la bonne nouvelle » ? Comment, devenue philosophie du Christianisme, le bergsonisme reste-t-il fidèle à sa vocation de briseur d'idoles ? Comment le livre de la vieillesse est-il encore une œuvre de jeunesse ? Tel est le sens limité de la recherche strictement historique que nous proposons comme introduction à la lecture des *Deux sources de la morale et de la religion*.

1. *Note sur M. Bergson et la philosophie bergsonienne*, 26 avril 1914, dans *Note conjointe*, Paris, Gallimard, 1935, p. 21.

Chapitre premier

UNE PHILOSOPHIE DE LA NATURE

Le temps retrouvé

Dans le dernier chapitre de *L'Évolution créatrice*, on trouve, en un saisissant raccourci, une histoire bergsonienne de la philosophie : elle aboutit tout naturellement à l'époque où l'auteur du livre entre dans cette histoire. Recueillons quelques lignes qui ont l'accent d'une confidence.

« Que la pensée du XIXe siècle ait réclamé une philosophie… soustraite à l'arbitraire, capable de descendre au détail des faits particuliers, cela n'est pas douteux. Incontestablement aussi, elle a senti que cette philosophie devait s'installer dans ce que nous appelons la durée concrète. L'avènement des sciences morales, le progrès de la psychologie, l'importance croissante de l'embryologie parmi les sciences biologiques, tout cela devait suggérer l'idée d'une réalité qui dure intérieurement, qui est la durée même. Aussi, quand un penseur surgit qui annonça une doctrine d'évolution, où le progrès de la matière vers la perceptibilité serait retracé en même temps que la marche de l'esprit vers la rationalité, où serait suivie de degré en degré la complication des correspondances entre l'externe et l'interne, où le changement deviendrait la substance même des choses, vers lui se tournèrent tous les regards. L'attraction si puissante que l'évolutionisme[1] spencérien a exercée sur la pensée contemporaine vient de là[2]. »

1. Nous avons adopté l'orthographe de ce mot toujours écrit par Bergson avec un seul n.

2. *Évolution créatrice*, p. 392-393 (802). Cette « attraction » est alors si réelle que Lachelier s'en inquiète dans une lettre à Ravaisson du 28 septembre 1876 (*Lettres*, 1933, recueil hors commerce, p. 118). Sur Spencer, voir : P. d'Aurec, *De Bergson spencérien au Bergson de l'« Essai »*, Archives de Philosophie, vol. XVII, cahier I.

Dans cette page curieuse où la philosophie de la maturité éclaire rétrospectivement la jeunesse du philosophe, Bergson présente le bergsonisme comme la doctrine qu'une certaine situation historique appelait, que le XIXe siècle attendait, que l'évolutionisme spencérien annonçait.

Qu'il annonçait… car si l'évolutionisme spencérien avait fait plus, le bergsonisme eût été inutile. « Mais il ne s'était pas plutôt engagé sur la voie qu'il tournait court, constate l'auteur de *L'Évolution créatrice* rappelant l'aventure du philosophe anglais. Il avait promis de retracer une genèse, et voici qu'il faisait tout autre chose. Sa doctrine portait bien le nom d'évolutionisme : elle prétendait remonter et redescendre le cours de l'universel devenir. En réalité, il n'y était question ni de devenir ni d'évolution[1]. » Un évolutionisme où manque l'évolution, tel est le sens de l'échec de Spencer : ce qui, du même coup, définit celui de « l'évolutionisme vrai » promis dans l'Introduction de l'ouvrage et tenu pour définitivement acquis dans sa conclusion[2].

Comment Bergson est-il passé de cet évolutionisme sans évolution à une évolution rejetant toutes les formes d'évolutionisme que la philosophie du XIXe siècle avait conçues à partir de Lamarck et de Darwin ? Autrement dit : pourquoi y eut-il un bergsonisme ?

En 1908, préparant une conférence sur Bergson et son œuvre, William James demande à son ami quelques renseignements biographiques. Après avoir rappelé les dates qui marquent les étapes de son itinéraire universitaire, Bergson ajoute en souriant : « Maintenant, pour ce qui est des événements remarquables, il n'y en a pas eu au cours de ma carrière… » ; « du moins, précise-t-il, rien *d'objectivement* remarquable », réserve qui introduit quelques lignes disant comment il voyait alors l'histoire de son esprit : « Mais, subjectivement, je ne puis m'empêcher d'attribuer une grande importance au changement survenu dans ma manière de penser pendant les deux années qui suivirent ma sortie de l'École normale, de 1881 à 1883…[3] »

Né le 18 octobre 1859, Bergson a exactement vingt-deux ans lorsque, jeune agrégé de philosophie, il quitte l'École normale supérieure pour le lycée d'Angers où il enseignera pendant deux années scolaires, celles précisément au cours desquelles se produit le « changement » dont la lettre à James souligne l'importance. Changement par rapport à quoi ? à quelle occasion ? en quel sens ? La suite répond à ces trois questions.

1. *Ibidem*, p. 393 (802).
2. *Ibidem*, p. VI et VII (493) et 399 (807).
3. *Mélanges*, 9 mai 1908, p. 765.

« J'étais resté tout imbu, jusque-là, de théories mécanistiques auxquelles j'avais été conduit de très bonne heure par la lecture de Herbert Spencer, le philosophe auquel j'adhérais à peu près sans réserve. » Ainsi, à l'époque où ses camarades de l'École normale étudiaient Kant et les post-kantiens, le jeune Bergson découvrait dans les *Premiers principes* l'idée qu'un philosophe devait se faire de la philosophie en ce dernier tiers du XIXe siècle. C'est bien pourquoi, continue-t-il, « mon intention était de me consacrer à ce que l'on appelait alors *la philosophie des sciences*, et c'est dans ce but que j'avais entrepris, dès ma sortie de l'École normale, l'examen de quelques-unes des notions scientifiques fondamentales ».

Comme les *Premiers principes* exposaient une doctrine de l'évolution, il était tout naturel que cet examen commençât par celle du temps : telle devait être l'occasion du « changement » décisif « Ce fut, déclare Bergson, l'analyse de la notion du temps, telle qu'elle intervient en mécanique ou en physique, qui bouleversa toutes mes idées. » Pourquoi ?

« Je m'aperçus, à mon grand étonnement, que le temps scientifique ne *dure* pas, qu'il n'y aurait rien à changer à notre connaissance scientifique des choses si la totalité du réel était déployée tout d'un coup dans l'instantané, et que la science positive consiste essentiellement dans l'élimination de la durée. » Il y a donc, à l'origine de cette philosophie, un « grand étonnement », immédiatement cristallisé en une image; car, le « si... » de la lettre à James n'introduit pas seulement une figure de style mais un souvenir, et c'est bien comme tel que la pittoresque hypothèse deviendra une des constantes de la rhétorique bergsonienne : si tous les mouvements de l'univers étaient uniformément accélérés, bien mieux : si, à la limite, une rapidité infinie resserrait le successif dans l'instantané, aucune formule scientifique ne serait modifiée [1]. Cette situation fictive fait bien sentir que le temps de la science n'est pas celui del'existence. Qu'est-ce donc alors que ce temps de l'existence auquel le bergsonisme affectera le mot « durée » ? C'est le temps vécu et, comme tel, donné là où il est vécu, dans la conscience. Si le monde se mettait à marcher plus vite, y compris, bien entendu, les mouvements de la terre autour du soleil et sur elle-même qui servent à la mesure du temps, l'intervalle mesuré entre le lever et le coucher du soleil serait le même au cadran de l'horloge, mais l'intervalle vécu par la conscience serait qualitativement moins épais et moins pesant.

Le temps de l'existence est donc radicalement différent de celui que la mécanique et la physique mathématique ont rendu mesurable par une abstraction qui le vide de tout devenir concrètement incompressible et

1. Cf. *Données immédiates de la conscience*, chap. III, p. 147-148 (127); *Évolution créatrice*, chap. I, p. 10 (502); chap. IV, p. 365 (781); *Durée et simultanéité*, p. 76-77; *La pensée et le mouvant*, p. 9-10 (1255).

inextensible. « Ceci, lisons-nous dans la lettre à William James, fut le point de départ d'une série de réflexions qui m'amenèrent, de degré en degré, à rejeter presque tout ce que j'avais accepté jusqu'alors et à changer complètement de point de vue. » Pareille découverte introduisait bien, en effet, un « point de vue » tout à fait nouveau, celui de l'intériorité. Examinant une des « notions scientifiques fondamentales », voici que Bergson se trouvait devant une réalité psychique; au moment où il constatait un écart entre la durée vécue et le temps qui la représente dans des formules ou des graphiques, voici qu'il passait de la science à la conscience. Le « changement » ne pouvait être plus « complet ». Ajoutons : ni plus inattendu. Le philosophe l'a dit et redit toutes les fois qu'il eut l'occasion de rappeler les premières démarches de sa pensée.

Parlant de ses études, Bergson s'amusait à rappeler l'intérêt strictement scolaire qu'il portait alors à cette partie du programme mise sous le titre de psychologie[1]. Au commencement, sa pensée n'était nullement tournée de ce côté, mais vers la philosophie des sciences de la nature. Parti pour écrire une thèse sur le temps de la mécanique et de la physique, il découvre la durée de la conscience dans la conscience de durer. « C'est ainsi, écrivait-il à Giovanni Papini en 1903, que je fus amené graduellement, du point de vue mathématique et mécanistique où je m'étais placé tout d'abord, au point de vue psychologique[2]. » Deux ans plus tard, dans une lettre destinée à préciser publiquement sa relation historique à certains contemporains et à répondre par une chronologie précise à des rapprochements trop rapidement transformés en sources du bergsonisme, il déclarait : « Approfondissant certains concepts philosophiques aux contours bien définis, je les ai vus se fondre en quelque chose de fuyant et de flou, qui s'est trouvé être du psychologique. Je ne me doutais guère, quand j'ai commencé à critiquer l'idée que la philosophie et la mécanique se font du temps, par exemple, que je m'acheminais vers des études de psychologie et que j'aboutirais à traiter des données de la conscience[3]. »

« De ces réflexions est sorti l'*Essai sur les données immédiates de la conscience*, où j'essaie de pratiquer une introspection absolument directe

1. Cf. Charles Du Bos, *Journal*, 1921-1923, Paris, Corrêa, 1946, p. 66 : « Ce qui montre à quel point j'étais à l'origine peu porté vers la psychologie, c'est qu'à l'agrégation, ayant tiré dans le légendaire chapeau comme sujet de leçon celui-ci : Quelle est la valeur de la psychologie actuelle ? je fis une charge à fond de train non seulement contre la psychologie actuelle mais contre la psychologie en général… » (Entretien du 22 février 1922). Cf. Jean La Harpe, art. cit., p. 359.

2. Lettre à Giovanni Papini, 21 octobre 1903, *Mélanges*, p. 604.

3. *Lettre au directeur de la « Revue philosophique » sur la relation de Bergson à James Ward et à William James*, 10 juillet 1905, *Mélanges*, p. 638; voir la lettre dans laquelle Bergson avise W. James de cette publication, 20 juillet 1905, *ibidem*, p. 661.

et de saisir la durée pure[1]. » L'ouvrage « a été élaboré et écrit de 1883 à 1887[2] », à Clermont-Ferrand, par conséquent. Sa genèse doit nous apprendre à le lire : le bergsonisme ne commence pas avec la nouvelle solution au problème de la liberté qui fait la thèse de cette thèse présentée à la Sorbonne en décembre 1889, mais avec les pages qui renvoient au grand « changement » des années 1881-1883. Bergson l'a dit lui-même dans sa lettre à James du 9 mai 1908 : « J'ai résumé dans l'*Essai sur les données immédiates de la conscience* (p. 87-90, 146-149, etc.) ces considérations sur le temps scientifique, qui déterminèrent mon orientation philosophique et auxquelles se rattachent toutes les réflexions que j'ai pu faire depuis[3]. »

Il y a donc dans l'*Essai* des pages qui, selon l'auteur, renvoient à ses premières pensées vraiment bergsoniennes, celles d'Angers. C'est d'abord, dans le chapitre II, l'analyse du temps sans durée de la mécanique et de la notion de vitesse. C'est ensuite le texte du chapitre III qui rappelle l'hypothèse pittoresque : « … Supposons qu'un malin génie, plus puissant encore que le malin génie de Descartes, ordonnât à tous les mouvements de l'univers d'aller deux fois plus vite. Rien ne serait changé aux phénomènes astronomiques, ou tout au moins aux équations qui nous permettent de les prévoir… » Enfin, « etc. » vise tous les passages où apparaissent les réflexions sur la science liées au dessein originel du jeune professeur en quête d'une thèse sur le temps des savants : le début du chapitre III, par exemple, où il évoque « deux systèmes opposés de la nature, mécanisme et dynamisme ». Ainsi, au moment où Bergson pose le problème de la liberté, il y a dans sa pensée beaucoup plus que dans son livre. Le lecteur de l'*Essai* a le sentiment d'être initié à une nouvelle philosophie de l'esprit : en fait, celle-ci émerge d'une philosophie de la nature qui la précède et qui discrètement l'encadre.

L'Avant-propos présente la thèse du livre comme un échantillon. « Nous avons choisi, parmi les problèmes, celui qui est commun à la métaphysique et à la psychologie, le problème de la liberté. Nous essayons d'établir que toute discussion entre les déterministes et leurs adversaires implique une confusion préalable de la durée avec l'étendue, de la succession avec la simultanéité, de la qualité avec la quantité… » Cette « confusion » est transmise, entretenue, consolidée par le langage : les mots sont liés aux schèmes d'une pensée faite pour appréhender les choses qui sont dans l'espace et condamnée, par suite, à spatialiser tout ce qu'elle touche. On voit alors ce que sera la nouvelle manière de philosopher : chercher dans les termes de chaque question ce qui la rend insoluble,

1. *Lettre à Papini*, *ouv. cit.*, p. 604.
2. *Lettre au directeur de la « Revue philosophique »…*, *ouv. cit.*, p. 657.
3. *Ouv. cit.*, p. 766.

montrer que la question se pose à la faveur d'une confusion dans son énoncé et qu'elle s'évanouit quand la réalité qui dure n'est plus dénaturée par sa représentation. Or, cette confusion, Bergson l'a constatée d'abord dans le temps de la mécanique et de la physique : si son premier ouvrage est consacré à l'éclaircissement ou plutôt à l'évanouissement d'une difficulté classique qui relève de la philosophie de l'esprit, c'est parce qu'il tire la leçon de recherches entreprises d'abord dans la philosophie de la nature.

Ainsi, Bergson n'est pas parti de la psychologie : il y est arrivé en venant de la philosophie de la nature. Pas davantage, il ne s'y est arrêté : la thèse sur *Les Données immédiates de la conscience* représente une étape intermédiaire entre une philosophie manquée de la nature, celle de Spencer, et la vraie philosophie de la nature, *L'Évolution créatrice*.

En critiquant la notion de temps scientifique, Bergson découvre qu'elle laisse échapper la réalité temporelle qu'il nomme durée ; or, celle-ci lui est immédiatement donnée dans la conscience. Pour penser ce que la mécanique et la physique avaient éliminé, il dispose maintenant d'un modèle qui est un fait d'expérience ; que ce fait soit psychologique, cela ne change rien à la portée de l'expérience : elle offre au philosophe une évolution concrète qui n'est plus une simple idée de la raison, ce qui, précisément, avait manqué à l'évolutionisme de Spencer pour tenir ses promesses. Bergson peut revenir à son point de départ : sa psychologie lui permet de refaire une cosmologie.

« La conscience que nous avons de notre propre personne, dans son continuel écoulement, nous introduit à l'intérieur d'une réalité sur le modèle de laquelle nous devons nous représenter les autres[1] » : ces lignes, écrites en 1903, expriment le postulat qui fait passer le bergsonisme des *Données immédiates* et de *Matière et mémoire* à *L'Évolution créatrice*, permettant qu'une pensée de la jeunesse soit accomplie par l'âge mûr : fonder une philosophie de la nature à partir des sciences contemporaines de la nature. Bergson a clairement explicité le sens de son troisième grand ouvrage dans une note du *Vocabulaire technique et critique de la philosophie* : « Un des objets de *L'Évolution créatrice* est de montrer que le Tout est de même nature que le moi, et qu'on le saisit par un approfondissement de plus en plus complet de soi-même[2]. »

Tel est, en effet, le mouvement qu'annoncent les premières pages du premier chapitre de *L'Évolution créatrice* : « L'existence dont nous sommes le plus assurés et que nous connaissons le mieux est incontestablement la nôtre, car... nous nous percevons nous-mêmes intérieurement,

1. *Introduction à la métaphysique*, dans *La pensée et le mouvant*, p. 239 (1420).
2. Article : *Inconnaissable* (1908), *Mélanges*, p. 776.

profondément. Que constatons-nous alors? Quel est, dans ce cas privilégié, le sens précis du mot exister[1]? » La réponse a été donnée dans les précédents ouvrages : quand « nous cherchons quel sens précis notre conscience donne au mot exister… nous trouvons que, pour un être conscient, exister consiste à changer ». Tout naturellement, Bergson continue : « En dirait-on autant de l'existence en général[2]? »

L'objet du nouveau livre est de justifier cette généralisation et d'en montrer les conséquences. Exister, c'est durer à la façon dont dure une conscience : de la nature entière, il faut dire qu'elle dure comme le moi qui a le privilège de se sentir durer.

LE « POSITIVISME SPIRITUALISTE » ET LA PHILOSOPHIE DE LA NATURE

Ce privilège, en effet, n'empêche pas l'existence du sujet d'être seulement un cas particulier de l'existence en général : ce qui signifie que je dure non parce que je dis « je », mais parce que je suis; et, quand le « je » est mis entre parenthèses, il reste une manière d'exister, commune à tous les vivants, qu'ils soient ou non pourvus d'un moi. Par suite, la conscience qui donne la durée se détache, en quelque sorte, de la forme personnelle : elle est, écrit Bergson, « coextensive à la vie[3] ».

La portée de cette formule apparaîtra mieux si l'on évoque la pensée de Maine de Biran, dont Bergson disait qu'il fut « le grand initiateur de la méthode d'introspection profonde », ce qui était une façon de reconnaître en lui un précurseur[4]. Or, cette introspection ne conduit pas, comme celle de Bergson, aux profondeurs cosmiques : au contraire, elle découvre dans l'existence proprement humaine ce qui brise toute continuité de la psychologie à la cosmologie. L'existence est humaine, et pas seulement animale, par l'activité du moi dans l'effort moteur volontaire. Je veux remuer le petit doigt : sauf empêchement dû à une contrainte extérieure ou à la maladie, voici qu'il se remue; je remue donc le petit doigt parce que je le veux; sans

1. *Évolution créatrice*, p. 1 (495).

2. *Ibidem*, p. 8; voir aussi les admirables premières pages du chapitre III de *Durée et simultanéité*, p. 54 *sq.*

3. *Évolution créatrice*, p. v (492), 203 (653); formule déjà employée en 1903 dans une lettre à Brunschvicg sur la notion de liberté morale : « … La vie et la conscience, deux termes probablement coextensifs… » (*Mélanges*, p. 585; cf. *La conscience et la vie*, dans *L'Énergie spirituelle*, p. 8 (820)).

4. *La science française*, *La philosophie*, dans *Mélanges*, p. 1171; cf. p. 1183. Nous avons longuement exposé les raisons de ne pas « biraniser » Bergson dans *Maine de Biran et Bergson*, *Les études bergsoniennes*, I, Albin Michel, 1948.

cette volonté, il resterait immobile: je me saisis alors comme cause efficace d'un mouvement et l'initiative d'où part le geste reste au delà du schéma physiologique qui en dessine l'exécution dans mon corps. C'est bien là un fait, mais de conscience et d'une conscience nullement coextensive à la vie, car elle est conscience d'un moi qui se pose comme une réalité d'un autre ordre, « hyper-organique », selon un mot très expressif du philosophe.

Pareille expérience introduit une distinction radicale entre le sujet et le monde des objets, y compris *mon* corps dans la mesure où il n'est pas *mien*. Dans cette perspective, qui dit *conscience* dit *conscience de soi*, même lorsqu'une abréviation sous-entend les deux derniers mots; qui dit *moi* dit *moi conscient de soi*, car il n'y a point de *moi* qui ne soit présent à soi; qui dit *je veux* dit *moi* s'affirmant dans la *conscience* de *vouloir*. Par suite, là où il n'y a point de *moi*, comme chez les animaux, là où il y a éclipse du *moi*, comme dans nos rêves ou certains états pathologiques, il n'y a ni *conscience*, ni *volonté*; il peut y avoir un psychisme sans conscience de soi, sub-conscient ou in-conscient, comme on écrirait aujourd'hui, où l'activité n'a pas son principe dans la volonté et reste au niveau des automatismes déclenchés par l'instinct ou montés par l'habitude. Dans le cas du chat qui voit une souris, il y a, certes, des images qui éveillent un besoin et provoquent des mouvements, mais rien de comparable à l'initiative que je prends pour mettre mon corps au service d'un projet.

Ainsi, la trinité humaine, *moi*, *conscience*, *volonté*, définit une existence proprement psychologique et irréductible à celle que nous appelons biologique, de sorte que la philosophie d'un tel esprit ne saurait se constituer à l'intérieur d'une philosophie de la nature. Or, Bergson poursuit le rêve d'une philosophie de l'esprit se constituant à l'intérieur d'une philosophie de la nature, parce qu'elle serait la philosophie d'un esprit animant la nature. Ce qui signifie qu'en quittant Spencer, le jeune Bergson a rejoint non pas Maine de Biran, mais Ravaisson et Lachelier.

Biran, Ravaisson, Lachelier, Bergson… vues de haut, leurs œuvres tracent une même ligne qui symbolise le mouvement du spiritualisme en France au XIXe siècle. Vu de près, ce mouvement suit deux directions : ici, la spiritualité coïncide avec l'intériorité du vital; là, elle se définit par une subjectivité radicalement différente de la vitalité. L'anthropologie biranienne inaugure cette seconde tradition: le bergsonisme est l'épanouissement de la première.

Les précurseurs immédiats de Bergson sont Ravaisson et Lachelier. Sans doute faut-il attendre la première *Action* de Maurice Blondel et certaines philosophies contemporaines de l'existence comme celle de

M. Gabriel Marcel pour retrouver l'essentiel de l'anthropologie biranienne, avec le dualisme du psychologique et du biologique.

Henri Bergson a dédié son premier livre « à Monsieur Jules Lachelier » : ce sera le seul de ses ouvrages portant une dédicace. Le geste est important : il exprime une très ancienne reconnaissance. « Pour ce qui est de Jules Lachelier, lisons-nous dans les notes d'un entretien avec Benrubi, il n'a pas été mon maître à l'École normale, et cela pour la simple raison qu'il avait cessé d'y enseigner bien avant mon admission comme élève. Il n'en est pas moins vrai que j'ai lu sa thèse *Du fondement de l'induction* avec enthousiasme quand j'étais au lycée Condorcet. Elle m'a fait l'impression d'une œuvre qui émanait d'un esprit extrêmement original[1]. » Le fait est confirmé dans un entretien avec Jean La Harpe : « Un jour, j'ai découvert le *Fondement de l'induction* de Lachelier, aujourd'hui très oublié : un livre magnifique ! J'ai compris que la philosophie pouvait être quelque chose de sérieux ; je dois énormément à la dialectique de Lachelier[2]. » Ce « un jour » renvoie probablement à l'année scolaire 1877-1878, pendant laquelle Bergson prépare le concours d'entrée à l'École normale supérieure[3].

Il ne faut certes pas faire dire à ces brefs témoignages plus qu'ils ne disent, ni oublier ce que le passé doit au présent dans les souvenirs d'enfance et de jeunesse. Ce qui paraît ici certain, c'est le rappel d'un contraste vivement ressenti lorsque, lisant le livre de Lachelier, l'élève Bergson pensait aux leçons de l'unique professeur de philosophie qu'il connaissait alors. Pendant son année de philosophie, il avait suivi les cours d'un certain Benjamin Aubé et, pour préparer le concours de l'École, il retournait dans la même classe, comme « vétéran ». Son maître était un spiritualiste très éloquent, plus préoccupé d'histoire religieuse et d'archéologie que de métaphysique. Bergson ne trahit sans doute pas les impressions qui furent alors les siennes en parlant avec une indulgente sympathie de cet « homme disert, érudit, artiste », dont la pensée était trop inconsistante pour être dogmatique[4]. Avec le *Fondement de l'induction*, ce

1. *Un entretien avec Bergson*, 19 décembre 1934, *ouv. cit.*, Cahiers du Rhône, p. 369.

2. *Souvenirs personnels...*, *ouv. cit.*, Cahiers du Rhône, p. 358.

3. D'après les deux témoignages cités, Bergson a lu la thèse de Lachelier au Lycée Condorcet et le souvenir de cette lecture est lié à la critique de l'enseignement de son professeur de philosophie. Or, Bergson était en classe de philosophie en 1875-1876 ; en classe de mathématiques en 1876-1877 ; selon l'usage à cette époque où les « khagnes » n'existaient pas, il revint en 1877-1878 dans la classe de Benjamin Aubé pour préparer les concours de l'École. Rien n'empêche de faire remonter à l'année scolaire 1875-1876 la lecture du *Fondement de l'induction* ; mais, tant qu'un document précis ne l'aura pas établi, on dira plutôt : 1877-1878, époque où l'esprit du jeune homme est philosophiquement plus mûr.

4. Cf. Jacques Chevalier, *Entretiens avec Bergson*, p. 38 et 56-57. Voir aussi : La Harpe, art. cit., p. 358 ; Jean Guitton, *La vocation de Bergson*, p. 52-53. On présente, en général, le

n'était pas seulement une autre philosophie : c'était une autre idée de la philosophie, telle que même un esprit exceptionnellement doué pour les mathématiques pouvait y consacrer sa vie. La rigueur méthodique et le mépris de tout effet oratoire, voilà ce qui frappait l'élève de Benjamin Aubé dans cette centaine de pages et qui l'obligeait à réviser certain jugement hâtif sur la possibilité d'une philosophie sérieuse en ce dernier tiers du XIXe siècle.

Nous ne saurions dire ce qui, dans le contenu du livre, a pu frapper et orienter le jeune lecteur. Ce qu'il faut souligner, c'est la date de cette lecture : elle précède celle de Spencer, qui est toujours rappelée avec les souvenirs de l'École normale. Dans son entretien avec Jean La Harpe, Bergson est très précis : au lycée Condorcet, il découvre la thèse de Lachelier, puis l'Essai de Cournot; enfin, continue-t-il, « de Cournot, j'ai passé à Spencer...[1] ». En ajoutant : « dont j'ai été un admirateur convaincu », il nous invite à supposer que l'influence de Lachelier n'avait pas été très profonde. Mais, dans cette période pré-bergsonienne, ce qui est important, ce sont moins les idées clairement et distinctement reçues ou refusées que certaines dispositions plus ou moins consciemment prises. Or, l'idéalisme du *Fondement de l'induction* présuppose une philosophie de la nature : celle-ci n'est certes pas un évolutionisme; pourtant, lorsque la critique du temps scientifique obligera Bergson à fonder le vrai évolutionisme sur l'expérience psychologique de la durée, on n'oubliera pas que la première doctrine prise au sérieux par l'élève de Benjamin Aubé se trouvait dans un ouvrage où des termes comme liberté, désir, conscience,

premier professeur de philosophie de Bergson comme un « cousinien ». Ce n'est sans doute pas exact. Un de ses premiers écrits philosophiques est un article érudit et sympathique sur Gassendi dans la *Nouvelle biographie générale* de Didot (1858, t. 19). Lorsqu'il rend compte du *Rapport* de Ravaisson (voir *infra* p. 25, n. 1), il écrit : « Au temps déjà éloigné où régnait l'éclectisme et où M. Cousin administrait la philosophie en notre pays, M. Ravaisson était un dissident, et aux yeux de l'ombrageux surintendant des études philosophiques, presque un suspect... » Et un peu plus loin : « M. Ravaisson porte un jugement définitif, à notre avis, sur l'œuvre de Victor Cousin, œuvre presque entièrement négative, fruit d'une méthode timide à l'excès et trop exclusivement baconienne... Le langage que tient ici M. Ravaisson sera, je crois, celui de la postérité qui se soucie non des personnes mais des idées. » Il regrette simplement que Ravaisson n'ait pas signalé les qualités de « la personne » de Cousin. Écrivant ceci en 1868, il est douteux qu'Aubé ait, huit ans plus tard, donné un enseignement « cousinien ». Il vient alors de passer sa thèse, *Saint Justin philosophe et martyr, étude sur l'apologétique chrétienne au IIe siècle* (1875), premier d'une longue série d'ouvrages sur l'histoire du Christianisme pendant les trois premiers siècles (quatre furent mis à l'Index en 1883 et 1886). Il a publié des éditions classiques de Platon et de Sénèque, ce qui donne peut-être une indication sur son spiritualisme. Cf. *Dictionnaire de biographie française*, Letouzey, 1939, t. III, article d'E.-G. Ledos.

1. Jean La Harpe, *Souvenirs personnels...*, *ouv. cit.*, Cahiers du Rhône, p. 358.

invention étaient détachés de la subjectivité humaine pour être appliqués à une sorte d'intériorité cosmique.

« La nature est tout à la fois une science qui ne se lasse pas de déduire les effets des causes et un art qui s'essaie sans cesse à des inventions nouvelles...[1]. » « La nature fait preuve d'une sorte de liberté chaque fois qu'elle produit d'elle-même et sans modèle une nouvelle forme organique...[2]. » Lachelier disait encore : « La vie a un caractère plus intérieur et, en quelque sorte, plus spirituel que l'organisation[3]. » Il parlait des « désirs efficaces de la nature[4] ». Il écrivait ces lignes qui, coupées de leur contexte, pourraient servir d'épigraphe à *L'Évolution créatrice* : « Le miracle de la nature, en nous comme hors de nous, c'est l'invention ou la production des idées ; et cette production est libre, dans le sens le plus rigoureux du mot, puisque chaque idée est, en elle-même, absolument indépendante de celle qui la précède et naît de rien, comme un monde[5]. » Enfin, on lisait dans le dernier alinéa : « La véritable philosophie de la nature est un réalisme spiritualiste, aux yeux duquel tout être est une force et toute force une pensée qui tend à une conscience de plus en plus complète d'elle-même[6]. »

« Réalisme spiritualiste », la formule est de Ravaisson. Par elle, Lachelier situait sa thèse dans cette série d'études qu'un vœu en forme de prophétie annonçait à la fin du célèbre rapport de 1867, *La philosophie en France au* XIX*e siècle* : « A bien des signes, il est donc permis de prévoir comme peu éloignée une époque philosophique dont le caractère général serait la prédominance de ce qu'on pourrait appeler un réalisme ou positivisme spiritualiste, ayant pour principe général la conscience que l'esprit prend en lui-même d'une existence dont il reconnaît que toute autre existence dérive et dépend, et qui n'est autre que son action[7]. »

Que voulait dire Ravaisson ? Ce qui précède et suit ce texte éclaire deux idées fondamentales. Être, c'est agir et l'action est volonté ; d'autre part, l'inférieur procède du supérieur. Rappelons seulement une page : « si la volonté, comme la vie dont elle est le principe, est au fond de tout, la volonté a, comme la vie, ses degrés. Dans l'infini, en Dieu, la volonté est

1. J. Lachelier, *Le fondement de l'induction*, 7e éd., Paris, Alcan, 1916, p. 73.
2. *Ibidem*, p. 96-97.
3. *Ibidem*, p. 92.
4. *Ibidem*, p. 93.
5. *Ibidem*, p. 99.
6. *Ibidem*, p. 102.
7. *Rapport* rédigé pour l'Exposition universelle de 1867 et publié pour la première fois dans *Recueil de « Rapports » sur les progrès des lettres et des sciences en France, La philosophie en France au* XIX*e siècle*, Paris, Imprimerie Impériale, 1868. Nous citons d'après la 2e édition, Hachette, 1885, p. 275.

identique à l'amour, qui lui-même ne se distingue pas du bien et de la beauté absolus. » En nous, continue Ravaisson, « la volonté, remplie de cet amour, qui est sa loi intérieure » mais liée à la sensibilité, erre de « ce bien infini auquel, entièrement libre, elle tendrait toujours » à ces biens imparfaits dont la possession limite son indépendance. Dans la nature enfin, « la volonté éclairée seulement par une lueur de raison » semble obéir à des formes qui lui sont imposées : toutefois, « jusqu'en ces sombres régions de la vie corporelle, c'est une sorte d'idée obscure de bien et de beauté qui explique dans leur première origine les mouvements », de sorte que, là encore, tout est, en un sens, « radicalement volontaire[1] ». Telle est, réduite, à quelques grandes lignes, la vision du monde à l'intérieur de laquelle, selon l'auteur du Rapport, se multiplieront les variétés originales du « réalisme spiritualiste » : or, on a reconnu celle qui avait déjà recu une expression très précise dans la thèse de 1838, *De l'habitude*[2].

C'est ici qu'une équivoque historique se glisse sous l'étiquette inventée par Ravaisson dans le *Rapport* et reprise par Lachelier à la fin du *Fondement de l'induction*. Dans son tableau de la philosophie en France au XIXe siècle, Ravaisson avait, bien entendu, commencé par rappeler la réaction efficace de Biran contre l'empirisme aux conséquences plus ou moins matérialistes et contre le criticisme Kantien inévitablement agnostique. Il avait cité ces lignes : « Être, agir, vouloir, sous des noms différents, c'est une seule et même chose. » Les commenter en écrivant : « On verra quels fruits ont portés ou sont près de porter ces pensées[3] », n'était-ce pas mettre Maine de Biran à l'origine du mouvement que les dernières pages du livre appelleraient « réalisme spiritualiste » ? Cette interprétation devait même s'imposer à ceux qui avaient lu, dans la *Revue des Deux Mondes* de novembre 1840, l'important article : *Philosophie contemporaine. Fragments de philosophie*, par M. Hamilton, où Ravaisson exposait sa propre idée de la philosophie contre l'école de Cousin en se réclamant de Maine de Biran[4]. De fait, lorsqu'en 1868 la *Revue de l'Instruction publique* fit paraître un compte rendu du *Rapport* reprochant à son auteur d'avoir attendu la mort de Cousin pour porter un jugement aussi sévère sur sa doctrine, quelqu'un prit la plume pour rappeler l'article de 1840 en insistant sur le fait que, dès cette époque, Ravaisson avait opposé Biran à

1. *Ibidem*, p. 270-271.

2. Félix Ravaisson, *De l'habitude*, nouvelle édition, introduction et notes de Jean Baruzi, Paris, Alcan, 1927.

3. *Ibidem*, p. 16.

4. Sur cet important article voir : Joseph Dopp, Félix Ravaisson, *La formation de sa pensée*, Louvain, 1933, chap. VI.

Cousin. Le compte rendu était de Benjamin Aubé, le futur professeur de Bergson ; la réponse de Jules Lachelier[1].

Ainsi, entre 1840 et l'époque où le jeune Bergson lit Lachelier et Ravaisson, l'histoire de la philosophie en France au XIXe siècle s'organise dans l'esprit des contemporains selon un double schème. D'un côté, il y a, si l'on peut dire, le XVIIIe siède qui continue, empiriste, agnostique ou matérialiste, hanté par l'idée de progrès, s'exprimant dans les divers positivismes, mêlé tantôt à la philosophie de l'histoire de Comte, tantôt à celle de Hegel plus ou moins simplifiée. Pour un Taine, bon interprète de ces tendances, il n'y a, en face, qu'un seul courant de pensée : un spiritualisme périmé, lié à une idée de la métaphysique que le développement des sciences humaines a discréditée ; le brillant pamphlet de 1857, *Les philosophes français du XIXe siècle*, met dans le même sac Biran et Cousin. Mais, vu de l'autre côté, le schème se complique : dans l'article de 1840 sur *La philosophie contemporaine* et dans le *Rapport* de 1867 sur *La philosophie en France au XIXe siècle*, Ravaisson a opposé Maine de Biran à Cousin, voyant dans sa psychologie l'exemple d'une recherche à la fois métaphysique et positive. Une chaîne se noue donc, et ceci déjà dans l'esprit de ceux qui donnent leur nom à chaque anneau. Ravaisson la fait commencer avec les rares écrits biraniens que l'on connaît en 1840 ; tout en prenant ses distances par rapport à Biran et à Ravaisson, le kantien Lachelier se tient pour leur héritier ; enfin, quand Bergson sera bergsonien, il dira « qu'il accepterait le terme de *réalisme spiritualiste* forgé par Ravaisson et Lachelier[2] », se représentant alors Biran de telle façon que celui-ci puisse passer pour un précurseur de *L'Évolution créatrice*[3].

Ce schéma, volontiers repris par les historiens de Bergson, est vrai en gros : on veut seulement attirer l'attention sur le fait qu'au deuxième anneau, il se produit beaucoup plus qu'un prolongement ou un élargissement du biranisme. La discontinuité de la nature à l'esprit était essentielle dans la psychologie de la trinité humaine, moi-conscience-volonté : or, Ravaisson rétablit cette continuité au profit de l'esprit. Nous n'avons pas à chercher ici sous quelles influences antiques ou allemandes, esthétiques ou médicales, la pensée qui inspire la thèse *De l'habitude* dévie du chemin ouvert par celui qui, trente-cinq ans plus tôt, avait, lui aussi, écrit

1. *Revue de l'instruction publique*, 30 juillet 1868, p. 292-294 (voir *supra*, p. 21, n. 4) ; la lettre de Lachelier est publiée dans le numéro du 10 septembre ; elle semble avoir été envoyée en accord avec Ravaisson ; voir la communication de Léon Brunschvicg, pour le Centenaire de la naissance de J. Lachelier, *Bulletin de la Société française de Philosophie*, octobre 1932, p. 133.

2. Benrubi, *Souvenirs sur H. Bergson*, p. 52-53.

3. *La philosophie*, art. cit., p. 424-425 ; et t. III, p 589.

un livre sur l'habitude[1] : constatons seulement que, dans la mesure où elle procède de Ravaisson, la vision que Lachelier puis Bergson se font du monde s'exprime dans une philosophie qui est à la fois de la nature et de l'esprit : c'est, si l'on ose dire, l'esprit qui donne la clef de la nature.

Bergson lut certainement le *Rapport* à l'École normale. C'est visiblement un souvenir personnel qu'il évoque lorsque, occupant le fauteuil de Ravaisson à l'Académie des Sciences morales et politiques, il écrit dans l'éloge de son prédécesseur au sujet de « la doctrine exposée dans la dernière partie du *Rapport* » : « Nulle analyse ne donnera une idée de ces admirables pages. Vingt générations d'élèves les ont sues par cœur[2]. »

Bergson lit cette notice à l'Académie en février 1904. L'année précédente, dans l'*Introduction à la métaphysique*, il a défini, sous le nom d'« intuition », une façon de penser la durée qui n'atteindrait pas seulement le moi profond comme dans *Les données immédiates*, mais qui serait « une manière de connaître à fond les choses » dans « leur vivante mobilité[3] ». Il est en train de préparer l'ouvrage où doit être effectué le passage de la psychologie à la cosmologie ; il consacrera un de ses cours du Collège de France, en 1904-1905, à une ultime révision des *Premiers principes* de Spencer[4] avant de mettre la dernière main à *L'Évolution créatrice*. Il est tout naturel alors que, dans l'œuvre de son prédécesseur, Bergson soit particulièrement ému et intéressé par la pensée qui chemine de la thèse sur *L'Habitude*, encadrée par les deux tomes de l'*Essai sur la « Métaphysique » d'Aristote*, jusqu'à *La philosophie en France au* XIX*e siècle*, aboutissant à cette vision finale du *Rapport* si harmonieusement accordée aux vérités de la nouvelle métaphysique. Nous ne devons donc pas attribuer au jeune Bergson les opinions que nous trouvons dans ces pages de 1904 où le lecteur de *L'Évolution créatrice* ne voit plus très bien la différence entre la doctrine de Ravaisson et celle de son interprète[5].

Bergson va lui-même nous aider à deviner ce que fut l'influence de Ravaisson sur sa pensée quand il était « du côté de chez Spencer ». Ces

1. Maine de Biran, *L'Influence de l'habitude sur la faculté de penser*, Paris, décembre 1802, ou *Œuvres* de Maine de Biran, éditées sous la direction F. Azouvi, Paris Vrin, t. II, 1987.

2. *La vie et l'œuvre de Ravaisson*, dans *La pensée et le mouvant*, p. 305 (1468). Ajoutons que Bergson a connu personnellement Ravaisson. C'est, disait-il à Mlle Lydie Adolphe en 1938, « un des hommes que je me félicite le plus d'avoir rencontré » ; il ajoutait : « Ravaisson a deviné derrière mon ignorance quelque chose qui pouvait être philosophique. » (*La philosophie religieuse de Bergson*, p. 4). *Bergson à Félix Ravaisson*, Paris, le 2 novembre 1891, Revue de Métaphysique et de Morale, avril 1938, p. 195-196, puis : *Mélanges*, p. 357.

3. *Introduction à la métaphysique*, *ibidem*, p. 245 et 246 (1425).

4. *Annuaire* du Collège de France, 1904-1905, p. 90 ou *Mélanges*, p. 648.

5. Cf. *La vie et l'œuvre de Ravaisson*, *ouv. cit.*, p. 302-306 (1466-1469). « On m'a reproché d'avoir bergsonifié Ravaisson ; mais… c'était peut-être la seule manière de le comprendre… » (J. Chevalier, *Entretiens…*, p. 55, cf. p. 142).

pages de la dernière partie de *La philosophie en France au* XIX*e siècle*, écrit-il, « ont été pour beaucoup dans l'influence que le *Rapport* exerça sur notre philosophie universitaire, influence dont on ne peut ni déterminer les limites précises, ni mesurer la profondeur, ni même décrire exactement la nature, pas plus qu'on ne saurait rendre l'inexprimable coloration que répand parfois sur toute une vie d'homme un grand enthousiasme de la première jeunesse [1] ». Voici peut-être le sens de ce discret témoignage : pas plus que Lachelier, Ravaisson n'a immédiatement poussé Bergson vers le « réalisme spiritualiste » : les goûts scientifiques du jeune normalien et sans doute quelque préjugé « scientiste » orientent ses recherches dans une autre direction, celle qu'indique alors l'évolutionisme de Spencer; mais, demain, il sera professeur de philosophie; si ses travaux personnels le conduisent un jour à une doctrine qu'il pourra enseigner, en attendant ce jour, que va-t-il enseigner à ses élèves ? Parce qu'il y a un Ravaisson et un Lachelier, « la philosophie universitaire » n'est pas condamnée à choisir entre un spiritualisme plus ou moins cousinien et des sciences de l'homme encore trop élémentaires pour constituer une culture de l'esprit[2]. De fait, à Angers et à Clermont-Ferrand, Bergson ne se livrait pas, devant les candidats au baccalauréat, au jeu facile du « non-conformisme » : il ne cherchait qu'à transmettre « les vérités traditionnelles sur lesquelles s'accorde le gros des sages [3] ».

C'est d'abord en professeur de philosophie que le jeune Bergson admire l'œuvre de Ravaisson : le philosophe a d'autres maîtres. Pourquoi ? La suite des souvenirs sur les dernières pages du *Rapport* et leur influence l'explique peut-être. « Nous sera-t-il permis d'ajouter, continue le nouvel académicien, qu'elles ont un peu éclipsé, par leur éblouissant éclat, l'idée la plus originale du livre ? Que l'étude approfondie des phénomènes de la vie doive amener la science positive à élargir ses cadres et à dépasser le pur mécanisme où elle s'enferme depuis trois siècles, c'est une éventualité que nous commençons à envisager aujourd'hui, encore que la plupart se refusent à l'admettre. » Aujourd'hui… c'est-à-dire, en 1904. « Mais, au temps où M. Ravaisson écrivait, il fallait un véritable effort de divination pour assigner ce terme à un mouvement d'idées qui paraissait aller en sens contraire[4]. » Traduisons : ce « mouvement d'idées qui paraissait aller en

1. *La vie et l'œuvre de Ravaisson*, *ouv. cit.*, p. 305-306 (1468).

2. L'expression « philosophie universitaire » revient en 1915, sous la plume de Bergson dans son tableau de *La philosophie en France* : « Lachelier réveilla la philosophie universitaire à un moment où elle s'endormait dans la doctrine, facile et aimable, de Victor Cousin. » (*Mélanges*, p. 1172).

3. Entretien avec Jean Guitton rapporté par ce dernier dans *La vocation de Bergson*, p. 67 ; cf. p. 147-150 et p. 209, n. 1, résumé du cours sur Dieu donné au Lycée de Clermont.

4. *La vie et l'œuvre de Ravaisson*, *ouv. cit.*, p. 306 (1469).

sens contraire » est celui que Bergson avait rencontré dans l'évolutionisme de Spencer, et il était alors trop jeune pour faire l'« effort de divination » qui lui aurait permis d'en voir le sens véritable déjà découvert par Ravaisson.

Bergson nous ramène ici à l'idée qui éclaire la signification historique de toute son œuvre : celle-ci exprime ce moment de l'histoire où l'avènement des sciences positives de la vie impose une nouvelle instauration philosophique. Mais si la nécessité d'une pareille révolution était claire, son sens l'était beaucoup moins. On pouvait croire que la positivité d'une science se reconnaît à la réussite de schèmes mécanistes et à un espoir plus ou moins proche de mathématisation. C'est bien ainsi que l'entendait Taine dans son livre de 1870, *De l'intelligence* : à mesure que la science approche de l'homme, tout s'explique en lui comme dans la nature et, à la limite, « la nature n'est qu'une arithmétique, une géométrie, une mécanique appliquée[1] ». Parmi les sources de sa conclusion en forme de prévision, Taine pouvait citer « le livre très hardi, très précis, très *suggestif* de Herbert Spencer, *Principles of biology*[2] » : dans le cadre cosmologique que l'évolutionisme donne à la psychologie et à la sociologie, le déterminisme est la loi de toute existence. Or, Ravaisson a longtemps médité sur l'histoire de la médecine depuis la fin du XVIIe siècle pour écrire sa thèse, *De l'habitude* ; il ne conçoit pas un tableau de « la philosophie en France au XIXe siècle » sans une large part faite aux travaux des savants, il s'attache particulièrement à ceux des biologistes, il s'arrête devant les idées de Claude Bernard, il s'aperçoit ainsi que les sciences de la vie font craquer l'idéal mécaniste des sciences physiques ; les faits exigent dans leur explication le recours à une puissance créatrice que l'on se représentera par analogie avec les inventions de l'artiste.

Mais Bergson ne comprendra Ravaisson qu'après être devenu bergsonien.

La pensée de Bergson pousse de profondes racines dans l'épaisseur de l'histoire contemporaine où elles se ramifient. Certes, sa philosophie commence avec la réflexion sur le temps des mesures et au cours d'un dialogue avec Spencer. Mais à côté de l'apprenti philosophe il y a le professeur de philosophie avec la culture requise pour passer les concours. Or, cette culture lui fit connaître non seulement les classiques, mais deux contemporains qui, par l'indépendance de leur esprit, la rigueur de leur pensée, la perfection de leur style, peuvent servir de modèles même à ceux qui ne sont pas de leur lignée. L'influence de Lachelier et de Ravaisson fut

1. *De l'intelligence*, livre IV, chap. III, § III, 14e éd., Hachette, 1920, t. II, p. 436.
2. *Ibidem*, § II, p. 437.

d'abord morale, pédagogique et littéraire. Il est aujourd'hui permis de supposer qu'elle a contribué à préparer le subconscient philosophique où le bergsonisme trouvera son langage et avec les mots les résonances des mots.

La philosophie de la nature que la thèse de Lachelier laisse transparaître est celle de Ravaisson. La lecture de *L'Habitude* et du *Rapport*, celle du *Fondement de l'induction* et, en 1885, de *Psychologie et métaphysique*, expliquent sans doute pourquoi Bergson a si spontanément étendu à la cosmologie les données de l'expérience psychologique; retrouver l'esprit dans la nature n'était pas pour lui chose nouvelle, étant entendu qu'il retrouvait un autre esprit dans une autre nature. Sans avoir même l'occasion de le savoir, il trouvait dans sa mémoire un vocabulaire appris à l'école de Ravaisson et de Lachelier : les mots conscience, volonté, liberté, création, spirituel, surgissaient déjà vidés de toute référence à un moi humain, déjà couramment employés pour signifier une intériorité sans subjectivité. Jusque dans *Les deux sources*, Bergson se plaira aux formules qui personnifient la nature, comme Ravaisson et Lachelier.

« La biologie l'inspirait… »

Annonçant à l'Académie française la mort de Bergson, le président en exercice, Paul Valéry, eut ce mot à longue portée : « La biologie l'inspirait[1]. »

Le poète ajoutait aussitôt : « Il considéra la vie et la comprit et conçut comme porteuse de l'esprit. » Précisons : elle est porteuse d'esprit parce qu'elle est esprit. Ce ne sont certes pas là formules d'un spiritualisme claironnant pour fin de banquet philosophique. Autant que le cartésianisme, le bergsonisme obéit à une volonté claire et obstinée de dire en quoi consiste le spirituel, de donner consistance au spirituel. Et pareil dessein ne peut aboutir qu'en définissant aussi ce qui n'est pas le spirituel. Descartes se flattait d'avoir, le premier, réellement distingué l'esprit de la matière : mais, en opposant la chose pensante à la chose étendue, il rejetait le vital du côté du matériel, faisant de l'organisme une machine. Bergson tire la ligne de séparation à un autre niveau : l'opposition de l'inerte et du mouvant met d'un côté la matière qui ne dure pas ou ne dure pratiquement plus et, de l'autre, la vie comme évolution créatrice, que ce soit celle dont parle le biologiste ou celle dont parle le psychologue. Que signifie alors

1. Paul Valéry, allocution prononcée à l'Académie francaise le 9 janvier 1941, *Henri Bergson…*, Cahiers du Rhône, p. 21.

cette dernière distinction ? Est-elle faite au profit du biologique ou au profit du psychologique ? La réponse n'est pas douteuse : la biologie qui inspirait Bergson est celle d'une vie qui est esprit.

« La vie est en réalité d'ordre psychologique… », déclaration dont le contexte éclaire la portée : elle limite le sens de la comparaison avec un élan[1]. Une image se pose toujours un peu au-dessous ou un peu à côté de la pensée qu'elle signifie : elle doit donc être rectifiée. Celle de « l'élan vital » sera en quelque sorte *despatialisée* si l'adjectif renvoie à la vie psychique toujours une et multiple au même instant, effaçant la ligne droite que le substantif commençait à dessiner. Et ce psychisme que le naturaliste et le biologiste projettent dans la réalité concrète dont ils racontent l'histoire ou décrivent les formes, ce psychisme est exactement celui que le psychologue découvre dans la mémoire et les inventions du moi humain. Devant la succession des espèces végétales et animales, devant le progrès qu'en définitive elle représente malgré les échecs et les retards, Bergson nous dit : « Plus on fixe son attention sur cette continuité de la vie, plus on voit l'évolution organique se rapprocher de celle d'une conscience, où le passé presse contre le présent et en fait jaillir une forme nouvelle, incommensurable avec ses antécédents[2]. »

Ainsi, ce qui s'ajoute aux sciences de la nature pour constituer une philosophie de la nature, c'est une donnée de la conscience, permettant de penser tous les changements de l'univers dans la réalité de leur accomplissement et pas seulement sur des trajectoires mesurables. Aux méthodes d'observation extérieure, aux concepts et aux raisonnements qui nous apprennent comment sont les choses, se joint un savoir *sui generis* qui nous fait sentir ce qu'elles sont. La cosmologie requiert une connaissance d'ordre psychologique.

Qu'est-ce que connaître une chose qui dure ?

On ne pense pas ce qui dure comme on pense ce qui ne dure pas. Bergson, en définitive, appelle intelligence la faculté de connaître ce qui ne dure pas, ou ce qui ne dure pratiquement plus, et intuition, celle de connaître ce qui dure. Il s'agit, d'ailleurs, plus d'attitudes mentales que de facultés. La différence radicale des objets ne peut que provoquer une différence aussi radicale entre les attitudes : puisque ce qui ne dure pas est le contraire de ce qui dure, on ne saurait passer par degrés de la connaissance de l'un à celle de l'autre ; l'intelligence n'est pas de l'intuition commençante, ni l'intuition, de l'intelligence dilatée ; l'esprit se meut de

1. *Évolution créatrice*, p. 279 (713). Sur cette question, voir l'étude très complète de Jeanne Delhomme, *Durée et vie dans la philosophie de Bergson*, dans *Les études bergsoniennes*, II, Albin Michel, 1949.

2. *Ibidem*, p. 29 (517).

l'une à l'autre par conversion, au sens original du terme : on se détourne de… pour se tourner vers… Que dans la complexité de notre conscience l'intuition chemine à travers les approximations de l'intelligence et que l'intelligence élabore des concepts où sommeillent « des virtualités d'intuition[1] », ceci prouve qu'intelligence et intuition peuvent être complémentaires, non qu'elles soient deux degrés ou deux faces d'un même savoir.

Intelligence et intuition reçoivent dans le bergsonisme un sens bergsonien : que Bergson ait eu tort ou raison de ne pas fabriquer deux mots nouveaux est ici une question superflue. Ce qui importe, c'est le sens bergsonien. Et celui-ci est relativement indépendant des mots puisqu'en fait, il les a précédés.

Il n'y a dans *Les données immédiates* aucun terme spécialement affecté à la conscience de la durée. Certes, le mot « intuition » s'y trouve, et même, une fois, pour dire : « L'intuition immédiate nous montre le mouvement dans la durée et la durée en dehors de l'espace[2]. » Mais, ce n'était là qu'une brève rencontre de mots et il ne faut pas la charger rétrospectivement d'une intention qui n'était pas dans l'esprit de l'auteur; car, pour un ou, à la rigueur, deux textes qui annoncent l'acception proprement bergsonienne, il y en a une douzaine où le mot est employé pour la représentation du nombre, la représentation de l'espace et même, tout bonnement, comme synonyme d'aperception confuse[3]. Dans *Matière et mémoire*, « intuition » apparaît plus souvent sous la plume du philosophe pour désigner la conscience de durée, moins, cependant, par un choix délibéré que « par le simple jeu spontané de la langue[4] », l'image visuelle d'*intueri* ayant, depuis longtemps, illustré l'idée de connaissance immédiate; de fait, ici encore, d'autres termes expriment la conscience de la durée et « intuition » exprimera autre chose que cette conscience[5]. C'est seulement dans l'*Introduction à la métaphyique*, en 1903, que la philosophie nouvelle

1. *Évolution créatrice*, p. 198 (650).

2. *Données immédiates*…, p. 86-87 (p. 76). Pour l'histoire de la terminologie bergsonienne, notamment des mots « intuition », « intelligence » et de leurs équivalents, voir Léon Husson, *L'Intellectualisme de Bergson. Genèse et développement de la notion bergsonienne d'intuition*, Paris, P.U.F., 1947, chap. I et Index.

3. Textes cités et expliqués dans L. Husson, *ouv. cit.* p. 6, n. 2 et 3.

4. L. Husson, *ouv. cit.*, p. 4 ; voir les textes cités et expliqués dans les notes des pages 3 et 4, et page 6, note 1. De même, dans un article de la *Revue philosophique* de novembre 1891, rendant compte du livre de Guyau, *La genèse de l'idée de temps*, Bergson écrivait : « Il faut, par un effort d'analyse, dissocier la succession pure, l'intuition immédiate du temps, des formes où nous l'enveloppons, pour la plus grande commodité de la pensée discursive et du langage. » (*Mélanges*, p. 354, lignes 1-5).

5. *Ibidem*, textes cités et expliqués dans les notes des pages 8-9.

réserve « intuition » à l'opération méthodiquement impliquée par la découverte de l'existence comme durée.

« Nous appelons ici intuition la *sympathie* par laquelle on se transporte à l'intérieur d'un objet pour coïncider avec ce qu'il a d'unique et par conséquent d'inexprimable. » Elle s'oppose à l'analyse « qui ramène l'objet à des éléments déjà connus, c'est-à-dire communs à cet objet et à d'autres », exprimant, de ce fait, « une chose en fonction de ce qui n'est pas elle ». Passant de la définition à l'exemple, Bergson ajoute : « Il y a une réalité au moins que nous saisissons tous du dedans, par intuition et non par simple analyse. C'est notre propre personne dans son écoulement à travers le temps. C'est notre moi qui dure [1]. »

Désormais « intuition » cesse d'être sous la plume de Bergson un terme de ce vocabulaire philosophique anonyme où les mots sont assez usés et leurs sens assez schématiques pour constituer une sorte de langage universel : « intuition » est réservé à « une méthode philosophique », méthode propre à une philosophie particulière, celle qui définit l'être par la durée [2]. Ainsi, sous la plume de Descartes, le même mot était réservé à « une méthode philosophique », méthode propre à une autre philosophie qui reconnaissait l'être à son intelligibilité. Mais, ici et là, c'est l'objet à connaître qui prescrit la façon de le connaître : l'évidence posée dans la première règle de la méthode cartésienne est une propriété de la réalité dont elle manifeste l'essence et la méthode a été élaborée en conséquence ; de même dans le bergsonisme, le mot « intuition » n'a de sens que par la nature de ce qui est intuitionné.

La durée remplit l'intuition, l'intuition est donnée immédiate de la durée. Voilà ce que Bergson a voulu dire à Höffding qui avait présenté sa doctrine comme une philosophie de l'intuition : « La théorie de l'intuition, sur laquelle vous insistez beaucoup plus que sur celle de la durée, ne s'est dégagée à mes yeux qu'assez longtemps après celle-ci : elle en dérive et ne peut se comprendre que par elle. » A parler exactement, y a-t-il même une « théorie de l'intuition » à côté d'une théorie de la durée ? Bergson ne pouvait concevoir ni expliquer une « théorie de la durée » sans prendre conscience des démarches requises pour expérimenter ce mouvant qui échappe aux concepts de l'entendement : la « théorie de l'intuition » correspond surtout à un souci de rigueur dans l'expression. Ontologie et réflexion sur la connaissance sont inséparables, comme le montre la formule que Bergson emploie pour rectifier les propos de son interprète :

1. *Introduction à la Métaphysique*, dans *La pensée et le mouvant*, p. 205-206 (1595-1596).

2. *La pensée et le mouvant*, p. 33 (1271). Voir *ibidem*, p. 98 (1319), pourquoi Bergson, en choisissant « intuition », veut éviter le mot « intelligence ».

« A mon avis, tout résumé de mes vues les déformera dans leur ensemble et les exposera, par là-même, à une foule d'objections, s'il ne se place pas de prime abord et s'il ne revient pas sans cesse à ce que je considère comme le centre même de la doctrine : l'intuition de la durée[1]. »

L'intuition ainsi définie est une « méthode philosophique » : elle ne conduit donc pas au delà de la philosophie. Et la philosophie dont elle est la méthode ne représente en aucune façon un au-delà de la science. On doit ici prévenir toute équivoque, particulièrement grave dans une étude qui a pour fin la pensée de Bergson sur la religion.

Pas un instant Bergson n'a mis en question l'idée que, par ses méthodes et ses certitudes, la philosophie est une science au même titre que les autres. Mais quelles autres ? Là est la part de l'histoire. Bergson s'explique au cours d'une discussion à la Société francaise de Philosophie que sa date, 2 mai 1901, situe à mi-chemin entre *Matière et mémoire* et *L'Évolution créatrice*[2].

« Nous prétendons continuer l'œuvre des cartésiens... [3]. » Déclaration qui peut paraître étrange dans la bouche de Bergson. Mais que voulait Descartes ? Une philosophie où la métaphysique serait aussi scientifiquement établie que la physique. N'est-ce point là ce que voulait aussi Bergson ? La différence tient au contexte historique des deux intentions. Au temps de Descartes, les mathématiques jouent le rôle de science-modèle : elles offrent et l'idéal d'intelligibilité qui satisfait l'intelligence et, selon le titre du célèbre *Discours*, « la méthode pour bien conduire sa raison et chercher la vérité dans les sciences ». De là, une philosophie de la nature qui sera une sorte de mathématique appliquée : « Toute ma physique n'est autre chose que géométrie[4]. » De là, une philosophie de l'esprit qui sera encore plus éblouissante : je pense, écrit Descartes, « avoir trouvé comment on peut démontrer les vérités métaphysiques d'une façon qui est plus évidente que les démonstrations de géométrie[5] ». Par conséquent, si la philosophie est science, elle l'est comme le sont les mathématiques : les

1. Lettre publiée à la fin de H. Höffding, *La philosophie de Bergson*, Paris, Alcan, 1916 ; citée d'après *Mélanges*, p. 1148. Sur ses hésitations devant le mot « intuition », Bergson s'est expliqué dans *La pensée et le mouvant*, p. 33-38 (1271-1275) et dans une note ajoutée à l'*Introduction à la métaphysique* dans la réédition que donne ce même recueil, p. 243 (1423) ; voir aussi sa *Lettre au P. Gorce*, 16 août 1935, dans *Mélanges*, p. 1520-1521.

2. *Le parallélisme psycho-physique et la métaphysique positive*, dans *Bulletin de la Société francaise de Philosophie*, juin 1901 ; je cite d'après *Mélanges*, p. 463-502.

3. *Ibidem*, p. 493.

4. *Au P. Mersenne*, 27 juillet 1638, Descartes, *Œuvres*, éd. Adam et Tannery, Paris, Cerf-Vrin, 1897-1913, t. II, p. 268. Cf. *Méditations*, *Lettre* sur les 5e Objections, t. IX, p. 212-213.

5. *Au P. Mersenne*, 15 avril 1630, t. I, p. 144.

mêmes règles guident la raison en géométrie et en métaphysique, la même évidence la captive quand elle démontre les propriétés du triangle et quand elle démontre l'existence de Dieu. De fait, au début du XVIIe siècle, où un esprit rigoureux aurait-il pu trouver une sécurité comparable à celle que donnent l'intuition unie à la déduction dans une chaîne de théorèmes ? De fait… car c'est une question de fait. « Leur criterium de l'intelligibilité était beaucoup plus empirique que les cartésiens ne le pensaient », remarque Bergson : il correspondait à un certain état des sciences. Mais, au milieu du XIXe siècle, il y a une biologie positive, et déjà apparaissent une psychologie, une sociologie… voici donc des sciences qui sont parfaitement dignes de ce nom et qui, pourtant, « observent et expérimentent sans arrière-pensée d'arriver jamais à une formule mathématique[1] ». Entre l'étude des êtres organisés et celle du monde inorganique, l'écart est plus grand que ne l'avait cru l'inventeur des animaux-machines. Le bergsonisme entend tirer pour la philosophie la leçon de cette histoire.

Il y a des sciences qui sont rigoureusement rationnelles et qui, cependant, n'imitent pas les chaînes de raisons des géomètres. Avec la biologie, c'est un nouveau modèle d'intelligibilité qui sollicite l'intelligence : à la clarté mathématique des rapports distinctement nombrés s'ajoute une autre clarté, celle des faits exactement établis. L'évidence a maintenant deux modèles, selon qu'elle *démontre* la vérité ou qu'elle montre la *réalité*[2].

C'est ici que Bergson se dit fidèle à Descartes en faisant non ce que Descartes a fait en son temps mais ce qu'il eût fait dans le nôtre, « en présence d'une science plus souple, instruite par une expérience plus vaste, et disposée à admettre dans les phénomènes de la nature, une complexité d'organisation malaisément réductible au mécanisme mathématique[3] ». L'histoire impose aujourd'hui une rupture de l'alliance conclue par Platon et renouvelée par Descartes entre la métaphysique et les mathématiques : le bergsonisme enregistre la nouvelle alliance où les sciences de la vie opèrent la relève des secondes. Avec ces nouvelles sciences qui sont essentiellement expérimentales, recommençons un effort analogue à celui que tentèrent les anciens philosophes : « Il faut rompre les cadres mathématiques, tenir compte des sciences biologiques, psychologiques, sociologiques, et sur cette plus large base, édifier une métaphysique[4]. »

1. *Le parallélisme psycho-physique*…, p. 474.

2. Sur « réalité » et « Vérité », voir la *Lettre à W. James*, du 28 octobre 1909, dans *Mélanges*, p. 801-802 ; *Sur le pragmatisme : vérité et réalité*, 1911, dans *La pensée et le mouvant*. Sur le sens du mot « réalité », voir *Durée et simultanéité*, p. 87-88.

3. *Le parallélisme psycho-physique*…, p. 474.

4. *Ibidem*, p. 488 ; cf. p. 489-490.

A la métaphysique ainsi conçue Bergson accole l'épithète : « positive », que les divers « positivismes » tenaient pour synonyme d'antimétaphysique. Et cette épithète est prise ici dans son sens le plus « positiviste » de façon à introduire dans la métaphysique cette exigence de mouvement si essentielle à la science que le provisoire et l'inachevé cessent d'être des imperfections du savoir pour devenir des signes de sa validité. « Je vois, dans la métaphysique à venir, une science empirique à sa manière, progressive, astreinte comme les autres sciences positives, à ne donner que pour provisoirement définitifs, les derniers résultats où elle aura été conduite par une étude attentive du réel[1]. » Bergson ne recule pas devant la logique de la « métaphysique positive » : « susceptible d'un progrès rectiligne et indéfini[2] », elle ne peut être qu'une œuvre collective; *Les données immédiates* et *Matière et mémoire* annoncent une « métaphysique capable de monter de plus en plus haut par l'effort continu, progressif, organisé de tous les philosophes associés dans le même respect de l'expérience[3] ».

Ainsi la philosophie est science. La formule doit être prise à la lettre et même, aux yeux de Bergson, elle ne peut l'être qu'avec le bergsonisme. Si l'on entend par scientisme « l'idée que l'esprit et les méthodes scientifiques doivent être étendues à tous les domaines de la vie intellectuelle et morale », ou encore le fait de « n'accepter comme connaissances valables que les acquisitions des sciences positives[4] », les mots « métaphysique positive » apparaîtront comme l'étiquette paradoxale et provocante dont Bergson se sert pour signifier au « scientisme » de ses contemporains qu'il ne le trouve pas assez scientifique. Taine fait de la métaphysique sans le savoir, l'imagination hantée par le rêve d'une mathématique universelle et la raison pénétrée de spinozisme[5]. Spencer emprunte à l'histoire naturelle l'idée d'évolution sans soupçonner que l'évolution transforme son idée en intuition. L'auteur de *L'Intelligence* n'a pas vu que l'existence est changement et que le changement renvoie à la biologie, non à la géométrie. L'auteur des *Premiers principes* n'a pas vu que le changement est durée et que la durée est une donnée de la conscience. Ici et là, la philosophie reste au-dessous de ses prétentions « scientistes », il lui manque la condition de toute connaissance positive : se mouler sur le contour des faits qu'elle étudie[6].

1. *Ibidem*, p. 480.
2. *Ibidem*, p. 464.
3. *Ibidem*, p. 488.
4. Cf. André Lalande, *Vocabulaire de la philosophie*..., art. *Scientisme*.
5. *La philosophie*, dans *Mélanges*, p. 1170; cf. l'*Introduction à la métaphysique*, dans *La pensée et le mouvant*, p. 219 *sq*. (1405 *sq*.).
6. *Le parallélisme psycho-physique*..., p. 464.

La philosophie est science et, comme telle, doit être accordée aux exigences de l'histoire : par là, le bergsonisme porte la marque de son temps; « la métaphysique positive » est une philosophie de la seconde moitié du XIXe siècle. Toutefois, le bergsonisme s'affranchit de sa date, parce que son auteur ne déchiffre pas l'histoire comme ses contemporains : l'intuition de l'être comme durée transforme en révolution intellectuelle la réflexion sur l'avènement de la biologie positive. En un sens, la philosophie nouvelle est, elle aussi, un « scientisme », mais en réaction contre le « scientisme » du XIXe siècle considéré comme en retard sur l'état actuel des sciences.

On se méfiera, ici encore, des rapprochements qui, vus de loin, sont permis, mais qu'il ne faudrait pas regarder de trop près. En gros, il est vrai que le bergsonisme est un chapitre important dans l'histoire de la renaissance spiritualiste qui, à la fin du XIXe siècle, refuse le « scientisme » avec ses négations et ses espérances, dont Taine se faisait à la fois le théoricien et le prophète dans l'éloquente conclusion de ses *Philosophes français du XIXe siècle* : discrédit de la métaphysique, crépuscule des religions, dogme du déterminisme universel[1]. Toutefois, le bergsonisme est un chapitre à part : on se tromperait en mettant son auteur à côté de ceux qui proclament « la banqueroute de la science », même si, comme Brunetière[2], ils entendent seulement la faillite d'engagements intéressant la vie morale de l'homme et non l'étude de la nature. D'un mot, gardons-nous de *pascaliser* Bergson. Dans la littérature, de Bourget à Barrès, en philosophie, de Boutroux à Maurice Blondel, il serait possible de montrer, en dépit de différences trop évidentes, une commune réaction contre le « scientisme » sous le signe de Pascal : on constate les limites de la science et la possibilité pour l'esprit de se trouver dans sa spiritualité au delà de la science; on explore des zones de la vie humaine où le cœur a ses raisons, la volonté, ses inquiétudes, l'action, ses expériences; l'âme et Dieu se découvrent quand l'entendement du savant laisse place à d'autres facultés de connaître. Les uns vont alors droit à la foi; les autres ont recours à quelque intelligence plus intuitive ou plus affective par laquelle la métaphysique serait vraiment ce qui vient après la physique, au seuil de la religion. Or, il ne semble pas que ce soit là l'esprit du bergsonisme.

En 1915, ayant à esquisser une histoire de la philosophie en France, Bergson ne pouvait avoir l'air d'ignorer son œuvre au moment où il arrivait devant la pensée contemporaine; il écrivait donc : « On pourrait

1. Paris, Hachette, 1re éd. 1857; 2e éd. revue et corrigée, 1860.

2. F. Brunetière, *La science et la religion*, 1895, p. 13-17; *Discours de combat*, 1re série, 20e éd., 1914, p. 13.

maintenant dire un mot de l'entreprise tentée par l'auteur de *L'Évolution créatrice* pour porter la métaphysique sur le terrain de l'expérience... La philosophie ainsi entendue est susceptible de la même précision que la science positive. Comme la science, elle pourra progresser sans cesse en ajoutant les uns aux autres des résultats une fois acquis[1]... » Telle est l'intention fondamentale de l'œuvre. Dans cette perspective, il ne saurait être question de répondre à des besoins du cœur ni d'approfondir une inquiétude essentielle de l'âme. Si Bergson corrige Spencer, c'est parce qu'il ne trouve pas son évolutionisme assez scientifique. S'il rencontre le problème de l'existence de Dieu, c'est parce qu'à un certain moment de son développement « l'évolutionisme vrai » le pose. Et le philosophe l'aborde sans le moindre frémissement dans la voix. « Je ne suis pas sûr de jamais rien publier à ce sujet, écrit-il en 1912 au R. P. de Tonquédec ; je ne le ferai que si j 'arrive à des résultats qui me paraissent aussi démontrables ou aussi montrables que ceux de mes autres travaux[2]. » Si, vingt ans plus tard, Bergson publie *Les deux sources de la morale et de la religion*, c'est qu'il se juge en possession de pareils résultats. Sans doute, il ne dirait pas comme Descartes qu'il a trouvé une démonstration de l'existence de Dieu aussi certaine que les vérités de la géométrie ; mais le seul fait qu'il expose dans un livre ses vues sur le Dieu de la religion dynamique signifie qu'il leur accorde une probabilité comparable à celle des théories biologiques. Rappelons ce qu'il déclarait à la Société francaise de Philosophie en 1901 : « Si je pouvais arriver... pour les problèmes de métaphysique en général à une certitude égale ou même simplement comparable à la certitude de la proposition de Pasteur : il n'y a pas de génération spontanée, cette certitude me suffirait parfaitement[3]. »

Ainsi, de la première à la dernière page, l'œuvre de Bergson veut être une « métaphysique positive ». Cette intention éclaire le portrait de son auteur.

Bergson distingue ce qu'il pense comme homme et ce qu'il sait comme philosophe : ce qu'il sait comme philosophe, il le dit dans ses livres ; ce qu'il pense comme homme, il le garde pour soi. Il y a donc une pensée d'Henri Bergson qui déborde sa philosophie, mais, parce que cette philosophie est science, Henri Bergson a pris toutes les précautions possibles pour décevoir la curiosité de ceux qui ne respectent pas sa règle du jeu. Des dispositions testamentaires très précises ont prescrit la destruction de ses notes et interdit la publication de ses lettres[4]. En effet, le savant

1. *La philosophie*, dans *Mélanges*, p. 1181-1182.
2. *Lettre au P. de Tonquédec*, 20 février 1912, dans *Mélanges*, p. 964.
3. *Le parallélisme psycho-physique*..., dans *Mélanges*, p. 480.
4. *Mélanges*, Avant-propos, p. XII-XIII.

disparaît derrière la science; le physicien ou le biologiste ne fait pas état des hypothèses qu'il n'a pu vérifier. Bergson ne veut laisser sous son nom que des problèmes résolus.

Il ne veut laisser que des problèmes résolus; il sait que, comme la science, sa philosophie laisse aussi des problèmes à résoudre. Sur les attributs de Dieu et la présence du mal dans le monde, il montre la voie à suivre sans aller lui-même très loin[1]. Quand le P. Sertillanges lui parle de l'Incarnation ou de la grâce, il répond: « Je n'ai pas de méthode pour m'élever jusque-là[2]. » On pourrait s'étonner que l'auteur des *Deux sources* ait ajourné des questions qui, si elles sont légitimes, sont, par nature, d'extrême urgence. Ce serait oublier que, à ses yeux, la philosophie est science et que la science est patience. Il est probable que l'homme avait *sa* réponse, mais le philosophe n'avait pas *la* réponse. De là, les silences d'Henri Bergson.

On voit quel contresens commettait le polémiste qui traitait le bergsonisme de « philosophie pathétique[3] ». Les images les plus poétiques que lui inspire l'élan vital, la chevauchée wagnérienne qu'évoque le finale du troisième chapitre dans *L'Évolution créatrice*, la lumineuse apparition du Christ sans visage au milieu des *Deux sources*, autant de signes révélant une sensibilité plus apollinienne que dionysiaque. Le bergsonisme est une philosophie sereine. Ne cherchons le secret de cette sérénité ni dans la vie de l'homme ni dans sa vision du monde : l'homme a connu la souffrance et tout n'est pas pour le mieux dans le monde tel qu'il le voit, où la nature « veut » la guerre et des chefs « féroces », où persiste une barbarie facile à découvrir « quand on gratte la civilisation[4] ». S'il y a un optimisme dans cette métaphysique, ce ne sera pas, elle prend soin de nous en avertir, pour escamoter le mal devant une mère qui pleure son enfant[5] 83. La sérénité de Bergson tient d'abord à l'idée qu'il se fait de la philosophie : c'est celle du savant qui sait attendre la fin de sa recherche et l'heure d'en parler, qui ne présente que des résultats objectivement établis, qui est, par profession, résigné à laisser sa science inachevée.

1. *Les deux sources de la morale et de la religion*, p. 279-282 (1194-1198).

2. A.-D. Sertillanges, *Avec Henri Bergson*, p. 22 et p. 54.

3. Julien Benda, *Une philosophie pathétique*, Mercure de France, 1913. Péguy refusait déjà l'adjectif dans sa Note du 26 avril 1914 éd. cit., p. 13.

4. *Les deux sources*..., p. 297 *sq.* (1209 *sq.*).

5. *Ibidem*, p. 280 (1197). Cf. Raymond Polin, *Henri Bergson et le mal*, dans *Les études bergsoniennes*, III, Albin Michel, 1952.

Chapitre II

DURER

Une « évolution discontinue »

« ...pour un être conscient, exister consiste à changer » : à quelles données vraiment immédiates de la conscience renvoie ce verbe « changer » ?

Dans son premier livre, Bergson s'applique à découvrir ces données vraiment immédiates, débarrassées des médiations que sont les concepts et les images permettant au sens commun de se débrouiller dans la vie quotidienne et à l'intelligence de construire une science qui lui assure la possession des choses. Le changement qui fait l'être de la conscience sera donc cherché au delà de ce temps où sens commun et science le projettent pour le transformer en représentation. La première description de la durée apparaît alors directement liée aux réflexions nées du « grand étonnement » qui est à l'origine du bergsonisme. La mécanique et la physique usent d'un temps qui est une sorte d'espace vertical, vide et mesurable comme l'étendue des géomètres : c'est là aussi le temps du calendrier et des horloges dans lequel j'organise mon passé et mon avenir. Identifier cette catégorie de la raison théorique et pratique pour lui soustraire la durée vécue en qui l'existence coïncide avec le sentiment d'exister, tel est l'objet du second chapitre de la thèse achevée en 1888. Il s'agit alors de provoquer une expérience de la durée à la faveur d'une espèce de purification faisant ressortir ce qui la distingue radicalement du temps avec lequel nous avons pris l'habitude de la confondre.

C'est pourquoi, dans *Les données immédiates*, la description de la durée est toujours comparative, même lorsque la référence au temps scientifique et social n'est pas explicite. Le temps est un milieu vide et homogène : la durée est plénitude et hétérogénéité. Le temps est le lieu où les unités s'ajoutent les unes aux autres pour constituer la multiplicité et où le multiple est plus que l'un : la durée est une unité qui enveloppe une multiplicité non numérique et où le multiple ne saurait épuiser la richesse de l'un. Dans le temps les instants se juxtaposent les uns à côté des autres le long d'une verticale : les instants se fondent les uns dans les autres pour tisser une durée qu'aucun symbolisme géométrique ne peut représenter. Le temps est l'espace des successions : la durée est le changement même tel que le *réalise* une conscience affranchie des trois dimensions. On ne sera donc pas étonné si le parallèle accuse l'indistinction qualitative, l'indivisibilité, la fluidité, bref, la continuité de la durée.

« La durée toute pure est la forme que prend la succession de nos états de conscience quand notre moi se laisse vivre, quand il s'abstient d'établir une séparation entre l'état présent et les états antérieurs… »Ici surgit l'image musicale qui sera une des constantes de la pensée bergsonienne : « En se rappelant ces états, il ne les juxtapose pas à l'état actuel comme un point à un autre point, mais les organise avec lui comme il arrive quand nous nous rappelons, fondues pour ainsi dire ensemble, les notes d'une mélodie. Ne pourrait-on pas dire que, si ces notes se succèdent, nous les apercevons néanmoins les unes dans les autres… La preuve en est que si nous rompons la mesure en insistant plus que de raison sur une note de la mélodie, ce n'est pas sa longueur exagérée, en tant que longueur, qui nous avertira de notre faute, mais le changement qualitatif apporté par là à l'ensemble de la phrase musicale. » On ne saurait trop méditer sur les mots : « la succession sans la distinction » ; ils expriment le paradoxe existentiel de cet « être à la fois identique et changeant », dont Bergson s'efforce ici de nous faire retrouver la présence : ils éclairent aussi la comparaison qui est comme le contexte de toute la description, opposant implicitement la durée au temps qui réintroduit la distinction dans la succession[1].

« …quand notre moi se laisse vivre… » Si l'expérience de la durée pure doit écarter une catégorie de la pensée engagée dans une communauté sociale et dans la conquête de la nature, il est normal qu'elle se présente comme une détente par rapport aux tensions de la vie active. Le moi qui se sent durer n'est évidemment pas celui qui organise son emploi du temps pour la semaine prochaine ni celui qui s'efface sous la raison impersonnelle dans les calculs où entre la fonction *t*. L'attitude que Bergson prescrit pour ressaisir les données immédiates de la conscience est donc, elle aussi, définie par opposition à celle qu'imposent les besoins de l'existence quotidienne et les exigences d'une science efficace. C'est pour marquer

1. *Données immédiates…*, p. 76-77 (67-68) ; cf. p. 80-81 (71) ; cf. L'image de la mélodie écoutée les yeux fermés, *Durée et simultanéité*, p. 55 et 62-63.

cette rupture avec les occupations et les préoccupations de l'homme-dans-le-monde que Bergson rapproche du rêve cette nouvelle forme de contemplation que la durée impose à l'esprit.

« Ce qui prouve bien que notre conception ordinaire de la durée tient à une invasion graduelle de l'espace dans le domaine de la conscience pure, c'est que, pour enlever au moi la faculté de percevoir un temps homogène, il suffit d'en détacher cette couche plus superficielle de faits psychiques qu'il utilise comme régulateurs... » Il s'agit donc de cette épuration qui doit libérer la durée du schématisme de la temporalité. « Le rêve, continue-t-il, nous place précisément dans ces conditions; car le sommeil, en ralentissant le jeu des fonctions organiques, modifie surtout la surface de communication entre moi et les choses extérieures. Nous ne mesurons plus alors la durée, mais nous la sentons; de quantité elle revient à l'état de qualité : l'appréciation mathématique du temps écoulé ne se fait plus[1]... » Bien entendu, ce texte ne signifie pas que nous percevons la pure durée en rêvant, ni que nous devons nous mettre en état de somnolence pour la percevoir. Bien au contraire, « nous éprouvons une effroyable difficulté à nous représenter la durée dans sa pureté originelle[2] », « un effort vigoureux d'analyse est nécessaire[3] »; mais il implique un désintéressement comparable à celui de l'âme qui a cessé, pour quelques heures, d'être comme un pilote dans son navire et qui laisse dormir les affaires de la vie. Rien de plus.

Bien différente est la perspective de *L'Évolution créatrice* : la description de la durée qui ouvre le premier chapitre doit nous faire toucher ce qui, dans la réalité du changement, correspond à l'adjectif annonçant le « vrai évolutionisme ».

Matière et mémoire, en 1896, avait éclairé l'originalité du nouveau spiritualisme, tellement nouveau qu'on ne reconnaît plus dans le titre du livre le rappel d'une très ancienne tradition. Car elle remonte au platonisme, la tradition qui fait de l'esprit une mémoire pour l'opposer à la matière. Que signifie, en effet, l'image de la réminiscence, sinon que la vie antérieure de l'âme demeure sa vie présente et que l'esprit ne cesse pas d'être ce qu'il a été? Le jeune esclave du Ménon n'a jamais appris la géométrie; et pourtant il suffit que Socrate l'interroge avec précision pour constater qu'il la sait; ce sont des souvenirs qui semblent se réveiller dans sa conscience : tout se passe comme si, avant de tomber dans un corps, l'âme avait eu pour patrie le monde des Idées et avait retenu dans sa substance même l'empreinte invisible de leurs formes. Dans le platonisme comme dans le bergsonisme, la conservation des souvenirs n'est pas une

1. *Ibidem*, p. 96 (84).
2. *Ibidem*, p. 81 (71).
3. *Ibidem*, p. 97 (85).

opération psychologique, mais une propriété ontologique : la mémoire définit l'être en tant que spirituel. Toutefois, ce qui change tout, dans le platonisme, elle coincide avec une intelligence gonflée d'intelligibles, elle est la partie intemporelle de l'âme condamnée à la vie temporelle, elle représente ce qu'il y a d'impersonnel dans chaque individu. Au contraire, dans le bergsonisme, la mémoire coïncide avec la durée qui échappe à l'intelligence et par laquelle je suis l'homme que j'ai été, signifiant que le temporel fait la substance du spirituel.

« La mémoire pure, lit-on dans *Matière et mémoire*, en nous ouvrant une perspective sur ce qu'on appelle l'esprit, devra départager ces deux doctrines, matérialisme et spiritualisme[1]. » De fait, elle nous fera vraiment « toucher la réalité de l'esprit » en « prolongeant et conservant le passé dans un présent qui s'en enrichit[2] ». Entre huit heures et neuf heures, je peux pratiquement considérer que l'étoffe de ce tapis est demeurée la même et que le temps a glissé sur elle sans laisser de trace : mais l'étoffe de mon esprit s'est allongée d'une heure, portant pour toujours en elle le dessin des actes accomplis et la marque des pensées conçues pendant cette heure. « Coextensive à la conscience, la mémoire retient et aligne à la suite les uns des autres tous nos états au fur et à mesure qu'ils se produisent, laissant à chaque fait sa place et par conséquent lui marquant sa date[3]... » Bien entendu, ils ne s'étalent pas tous sous le regard de la conscience : ne sont actuellement perçus que les souvenirs répondant aux nécessités de l'action. Mais l'absence dans le champ étroit de la conscience claire ne change rien à la présence qui tient à l'existence : tous les instants de ma vie passée sont comme tassés dans l'instant que je n'ai même pas le temps de dire présent. Ce n'est pas là, d'ailleurs, pure hypothèse de philosophie : « l'exaltation de la mémoire dans certains rêves et certains états somnambuliques » en apporte une preuve expérimentale. « Des souvenirs qu'on croyait abolis reparaissent alors avec une exactitude frappante ; nous revivons dans tous leurs détails des scènes d'enfance entièrement oubliées ; nous parlons des langues que nous ne nous souvenons même plus d'avoir apprises. » Enfin, voici un fait ou du moins un témoignage auquel Bergson attachera toujours une grande importance : « Rien de plus instructif, à cet égard, que ce qui se produit dans certains cas de suffocation brusque, chez les noyés et les pendus. Le sujet, revenu à la vie, déclare avoir vu défiler devant lui, en peu de temps, tous les événements oubliés de

1. *Matière et mémoire*, p. 65 (218).
2. *Ibidem*, p. 263 (365).
3. *Ibidem*, p. 164 (292).

son histoire, avec leurs plus infimes circonstances et dans l'ordre même où ils s'étaient produits [1]. »

Ainsi, « la durée est la vie continue d'une mémoire qui prolonge le passé dans le présent », écrit Bergson quelques années après *Matière et mémoire*, précisant que là est la différence irréductible entre le temps réel et l'espace ou le temps spatialisé. « Sans cette survivance du passé dans le présent, il n'y aurait pas de durée, mais seulement de l'instantanéité [2]. » Or, cette vie qui est survie, elle est à la fois conservation et création : rendre évident ce paradoxe, tel est le sens de la description qui ouvre *L'Évolution créatrice*.

Il ne s'agit plus ici de nettoyer les données de la conscience pour les rendre immédiates ni, par suite, de penser ce que l'on découvre en contraste avec ce que l'on a été. On part de la question : qu'est-ce qu'exister ? Or, exister, c'est changer. Qu'est-ce que donc que changer ? Ainsi abordée, la durée nous apparaît d'abord dans une impression de nouveauté et de fraîcheur : c'est dans l'instant tout flambant neuf que la réflexion retrouvera le passé et avec lui le vocabulaire de la permanence, de la survivance, de la continuité.

Exister, c'est changer, non point par le fait de passer d'une idée à une autre, de quitter mon bureau pour la salle à manger, de regarder à droite puis à gauche. Me voici, immobile devant un objet immobile. L'objet a beau rester le même et moi ne pas bouger : « La vision que j'ai n'en diffère pas moins de celle que je viens d'avoir, quand ce ne serait que parce qu'elle a vieilli d'un instant. » C'est dire qu'au principe même du changement il y a cette survivance qui définit l'être propre de la conscience. D'ailleurs, Bergson continue : « Ma mémoire est là, qui pousse quelque chose de ce passé dans ce présent. Mon état d'âme, en avançant sur la route du temps, s'enfle continuellement de la durée qu'il ramasse… » Ainsi, « continuellement », je ne suis plus le même, notre personne prenant, à chaque moment, une forme nouvelle du seul fait que ce moment s'ajoute aux précédents [3]. La conservation est par elle-même création.

Durer a toujours impliqué l'idée de permanence, de persistance, de consistance garantissant permanence et persistance. Puisque Bergson parle ici volontiers d'étoffe, une étoffe qui dure, selon la promesse du tailleur, est celle qui résiste à l'usure. Bergson va jusqu'au bout de l'idée :

1. *Ibidem*, p. 168 (295). Cf. Jean La Harpe, art. cit., p. 361. Voir l'important article de Georges Poulet, *Bergson et le schème de la vision panoramique des mourants*, dans *Revue de Théologie et de Philosophie*, Lausanne, 1960, n° 1.

2. *Introduction à la métaphysique*, dans *La pensée et le mouvant*, p. 227 (1411). Sur les problèmes généraux que soulève l'interprétation de la durée comme mémoire, voir Jean Hyppolite, *Aspects divers de la mémoire chez Bergson*, dans *Revue Internationale de Philosophie*, octobre 1959.

3. *Évolution créatrice*, p. 2 (495-496).

dans la conscience, aucun instant ne meurt, chacun survit dans le suivant; ainsi, le passé ne passe pas: « Tout entier, sans doute, il nous suit à tout instant: ce que nous avons senti, pensé, voulu depuis notre première enfance est là, penché sur le présent qui va s'y joindre[1]... » Ma vie fait boule de neige[2], d'une neige qui ne fond pas. Mais, et ce sera bien le même fait sous un autre point de vue, à chaque tour nouveau, la boule change, puisqu'elle est plus grosse, plus lourde, plus tassée. Ainsi, dans cette durée où rien ne se perd, tout se crée, ou mieux: le tout se crée. A mesure que les moments s'additionnent, le total grandit; image encore trop mathématique pour exprimer cette dilatation continue d'une existence toujours une et indivisible qui brise l'opposition classique du même et de l'autre: je ne suis plus le même qu'hier sans être pourtant autre. Parce que la durée est mémoire, je ne suis pas autre; parce qu'elle est création, je ne suis pas le même.

L'auteur de *L'Évolution créatrice* aurait-il découvert une durée que n'avait pas vue celui des *Données immédiates* et de *Matière et mémoire*? Création et mémoire sont si complémentaires dans l'existence qu'on ne peut guère concevoir Bergson percevant l'une sans l'autre.

Soucieux de dissocier la durée réelle « des formes où nous l'enveloppons pour la plus grande commodité de la pensée discursive et du langage[3] », Bergson découvre sa continuité mélodique. Mais quand il écrit que « plusieurs états de conscience s'organisent entre eux, s'enrichissent de plus en plus[4]... » ou que « le moi grossit, s'enrichit[5]... », l'image de l'enrichissement n'est pas rigoureusement synonyme d'interpénétration réciproque ou d'accroissement: elle signifie un peu plus et même beaucoup plus. Ce plus, dans *Les données immédiates*, n'est explicitement précisé que dans le cas privilégié de l'acte libre: si le mot de création n'est pas employé, du moins cet acte est-il comparé à l'invention de l'œuvre de l'art[6]. Aussi, quand Bergson montrera dans la conservation du passé un présent créateur, ce cas, pourtant exceptionnel dans la vie des hommes, lui servira de modèle grossissant pour décrire l'autre aspect de la durée. Cet autre aspect est indiqué à la fin de *Matière et mémoire*. Opposant l'esprit en qui le passé survit avec sa chronologie irréversible à la matière où règne la répétition, Bergson déclare: « Un être qui évolue plus ou moins librement crée à chaque moment quelque chose de nouveau[7]. » En 1901, reprenant la

1. *Ibidem*, p. 5 (498).
2. *Ibidem*, p. 2 (496).
3. Compte rendu de Guyau, *La genèse de l'idée de temps*, novembre 1891, dans *Mélanges*, p. 354.
4. *Données immédiates...*, p. 92 (81).
5. *Ibidem*, p. 134 (116).
6. *Ibidem*, p. 132 (113-114).
7. *Matière et mémoire*, p. 249 (p. 356).

même opposition à la Société francaise de Philosophie, il rapproche pensée et vie, appelant la vie « un immense effort tenté par la pensée... » et découvrant au principe de cet effort une « énergie créatrice[1] ».

Or si, en tant qu'elle est mémoire, la durée est continue, en tant qu'elle est créatrice, elle est discontinue. Sa continuité est celle de la mélodie où les notes sont fondues les unes dans les autres : mais ce n'est pas nécessairement une mélodie pour musique de chevaux de bois où nous entendons ce que nous attendons; en vérité, d'ailleurs, ce que nous entendons n'est jamais exactement ce que nous attendions. Là où il y a création, il y a apparition de quelque chose de nouveau, si insignifiante que soit pratiquement cette nouveauté; là où il y a quelque chose de nouveau, il y a marge d'imprévisibilité, si infime que soit une telle marge. « Je dois assister à une réunion; je sais quelles personnes j'y trouverai, autour de quelle table, dans quel ordre, pour la discussion de quel problème. » Alors, « qu'elles viennent, s'assoient et causent comme je m'y attendais, qu'elles disent ce que je pensais bien qu'elles diraient », et je constate, soit avec le sentiment d'avoir perdu mon temps, soit avec la satisfaction d'avoir gagné une partie, que tout s'est passé comme je l'avais prévu; mais le psychologue attentif aux seules nuances de l'âme ajoutera : « L'ensemble me donne une impression unique et neuve, comme s'il était maintenant dessiné d'un seul trait original par une main d'artiste[2]... » Si la prévision la plus exacte n'est jamais qu'une copie anticipée de l'original à laquelle manque ce je ne sais quoi d'inimitable qui tient à l'originel, comment ne pas parler de discontinuité devant le surgissement de l'instant qui ne peut être préfiguré ni reproduit ?

Le paradoxe inscrit dans l'être même de la durée est souligné dans la formule qui la définit : « création d'imprévisible nouveauté[3] ». La création est continue, mais l'imprévisible nouveauté rend le créé discontinu. En fait, le paradoxe est relatif aux impératifs d'une certaine logique : la durée est à la fois continue et discontinue dès qu'il ne s'agit plus des catégories que l'intelligence glisse sous les mots. Quand Bergson oppose la continuité à la discontinuité, il faut entendre : la continuité réelle à la discontinuité intellectuelle. Et ses descriptions impliquent aussi une discontinuité réelle qui s'oppose à la continuité intellectuelle.

Très significatives sont à cet égard, dans *L'Évolution créatrice*, les pages du chapitre II sur l'incapacité de l'intelligence à comprendre la vie[4].

1. *Le parallélisme psycho-physique...*, dans *Mélanges*, p. 485-486. La formule « énergie créatrice » est reprise dans l'Avant-propos de *Matière et mémoire* pour la 7ᵉ édition, 1911, p. 11 (167).

2. *Le possible et le réel*, dans *La pensée et le mouvant*, p. 115 (1331).

3. *Ibidem*.

4. *Évolution créatrice*, p. 174-179 (631-634).

Bergson commence par opposer explicitement la continuité de la durée à la discontinuité de la pensée conceptuelle. Sous le regard de l'intelligence, images, souvenirs, sentiments, actions s'extériorisent les uns par rapport aux autres, des frontières se dessinent en gros traits, des blocs se solidifient, là où il y avait compénétration réciproque d'états sans contours il y a maintenant juxtaposition de choses sur lesquelles les mots se poseront comme des étiquettes. Ainsi, l'intelligence ne peut penser la conscience en tant qu'elle est mémoire. Mais elle ne peut davantage la penser sous le second aspect. « Justement parce qu'elle cherche toujours à reconstituer et à reconstituer avec du donné, l'intelligence laisse échapper ce qu'il y a de *nouveau* à chaque moment d'une histoire. Elle n'admet pas l'imprévisible. Elle rejette toute création… » Si les mots n'y sont pas, comment, toutefois, ne pas reconnaître ici une discontinuité réelle dans la durée et une continuité conceptuelle dans la pensée ? L'intelligence est à son aise là où le nouveau répète l'ancien, c'est-à-dire là où il n'est pas vraiment nouveau, quand le même transparaît sous les apparences de l'autre, bref dans un monde où tout continue aujourd'hui comme hier.

Ainsi, pas un mot n'est à changer dans les pages qui doivent faire sentir la continuité de l'être en évolution, lorsque l'auteur des *Deux sources* est amené à parler d'une « évolution discontinue[1] ».

DURER N'EST PAS RÊVER

Il n'y a pas davantage contradiction dans les attitudes que Bergson recommande pour découvrir la durée pure. Dans *Les données immédiates*, on l'a vu, afin d'accuser la rupture avec le comportement de l'homme agissant et pensant pour agir, il conseille une sorte de laisser-vivre rappelant le désintéressement à la vie qui favorise le rêve et la rêverie. Se détacher de la vie qui est action est une condition inscrite dans l'expérience de la durée : il est donc normal de la retrouver toutes les fois que le philosophe veut évoquer le passé intégral qui est notre substance et suspendre l'exercice d'une mémoire fonctionnarisée par le métier d'homme. Dans *Matière et mémoire*, dans *Le rire*, dans la conférence de 1901 sur *Le rêve*, et même dans *L'Évolution créatrice* ou dans des études postérieures telles que *Le Souvenir du présent et la fausse reconnaissance*, la détente reste une prescription de l'hygiène mentale qui crée et entretient l'état propice à la contemplation de l'être en devenir ; tout naturellement, l'exemple du rêve l'accompagne.

1. *Deux sources…*, p. 132 (1082).

Mais ce n'est qu'un exemple et qui illustre la signification négative de l'opération. Pour retrouver ce passé qui, ne passant pas, tisse l'être de ma personne, je dois m'affranchir du présent qui sélectionne les souvenirs utiles, comme cela m'arrive quand ma pensée s'abandonne à la rêverie ou est livrée par le sommeil à la fantaisie des rêves. Faut-il en conclure : rêves et rêveries déroulent spontanément ce passé refoulé par les sélections du présent, découvrant tous les instants de ma vie dans la continuité mélodique de leur survie ? Y aurait-il un état de grâce philosophique qui serait celui d'un rêveur éveillé ? On pourrait, certes, le croire en lisant *Matière et mémoire* : « Un être humain qui *rêverait* son existence au lieu de la vivre tiendrait sans doute aussi sous son regard, à tout moment, la multitude infinie des détails de son histoire passée[1]... » Mais ne serait-ce point parce que, dans les textes de ce genre, le philosophe songe moins à l'homme endormi qu'au poète ?

Dans ce même ouvrage, quand Bergson parle du rêve en psychologue, il le rapproche de l'aliénation : ici et là, « tout se passe comme si l'attention se détachait de la vie », ce qui se traduit par un affaiblissement du « sens du réel ». On ne saurait, évidemment, caractériser la philosophie par le fait de « perdre contact avec la réalité », ni comparer le philosophe à un aliéné[2]. De fait, lorsqu'en 1901, Bergson rédige une conférence sur *Le rêve* donnée à l'Institut général psychologique, on ne voit pas que nos songes coïncident ou même tendent à coïncider avec le temps retrouvé. D'abord, dans la mesure où nous pouvons le saisir au delà des reconstructions qui en organisent le récit au réveil, le rêve n'est nullement le fait d'une mémoire que le présent ne conditionne plus. « Une certaine *matière sensible* n'est-elle pas offerte à la vue, à l'ouïe, au toucher, etc., dans le sommeil comme dans la veille[3] ? » Phosphènes, bourdonnements, contact avec les étoffes, impressions viscérales, sans parler de ces soucis qui ne nous quittent jamais, constituent un certain état présent du dormeur qui, comme dans le cas de l'homme éveillé, *sélectionne* les souvenirs : le mécanisme est donc le même ici et dans la perception. Il reste, bien entendu, une divergence capitale entre rêver et percevoir : la seconde opération est liée à l'action ; ne pas dormir, c'est toujours être plus ou moins en service commandé ; mais le désintéressement qui permet les songes ne crée qu'une différence de degrés entre la tension de la conscience vigilante et la détente de la

1. *Matière et mémoire*, p. 168-169 (295-296) ; cf. p. 183 (306).

2. Voir *ibidem*, p. 191 (312-313) ; *Le rire*, p. 190 *sq.* (476 *sq.*) ; *La fausse reconnaissance*, dans *Énergie spirituelle*, p. 136 (911).

3. *Ibidem*, p. 91 (879).

conscience somnolente[1]. Là est précisément la limite de la comparaison entre ce désintéressement et celui de la contemplation de l'être en devenir.

Dans cette même conférence, bien curieuse est, à cet égard, la page où Bergson décrit la détente qui permet le rêve, puis le mécanisme psychologique qui le produit: on y voit dairement jusqu'où va la ressemblance avec la quête de la pure durée. Le philosophe commence par nous rappeler que la mémoire fait, au sens propre du terme, l'existence spirituelle. « Oui, je crois que notre vie passée est là, conservée jusque dans ses moindres détails, et que nous n'oublions rien, et que tout ce que nous avons perçu, pensé, voulu depuis le premier éveil de notre conscience persiste indéfiniment. » Ceci dit, « supposez qu'à un moment donné je me désintéresse de la situation présente, de l'action pressante, enfin de ce qui concentrait sur un seul point toutes les activités de la mémoire »... Voilà une attitude négative qui pourrait aussi être prescrite à la conscience que l'on voudrait tourner vers sa propre durée. Mais la suite ? « Supposez, en d'autres termes, que je m'endorme » : il ne s'agit donc pas de philosophie. Le sommeil ne va en aucune façon favoriser l'expérience de l'être intérieur et mouvant, continu et indivisible que *réalisait* le lecteur des *Données immédiates*. Au niveau de la conscience non stimulée par l'action s'opère un choix des souvenirs exactement comme dans la perception de la conscience attentive à la vie selon *Matière et mémoire*: l'appel est simplement lancé par les sensations et impressions qui colorent le psychisme du dormeur.

« Alors, continue Bergson, ces souvenirs immobiles, sentant que je viens d'écarter l'obstacle, de soulever la trappe qui les maintenait dans le sous-sol de la conscience, se mettent en mouvement. Ils se lèvent, ils s'agitent, ils exécutent, dans la nuit de l'inconscient, une immense danse macabre. Et, tous ensemble, ils courent à la porte qui vient de s'entrouvrir. Ils voudraient bien passer tous. Ils ne le peuvent pas, ils sont trop. De cette multitude d'appelés, quels seront les élus ? » Ici encore, on a reconnu le schéma monté dans *Matière et mémoire* pour expliquer la perception. Bergson, d'ailleurs, nous le rappelle immédiatement. « Tout à l'heure, quand je veillais, les souvenirs admis étaient ceux qui pouvaient invoquer des rapports de parenté avec la situation présente, avec mes perceptions actuelles. » Maintenant, le rêve va naître lorsque des souvenirs vont donner forme à cette poussière colorée qui tourbillonne dans une conscience aux yeux fermés, à ces bruits qui sont comme le fond sonore d'une âme

1. *Ibidem*, p. 110 (892-893) : « On dort dans l'exacte mesure où l'on se désintéresse. Une mère qui dort à côté de son enfant pourra ne pas entendre des coups de tonnerre, alors qu'un soupir de l'enfant la réveillera. Dormait-elle réellement pour son enfant ? Nous ne dormons pas pour ce qui continue à nous intéresser ».

assourdie, à ces impressions organiques et tactiles par lesquelles le monde reste présent à la pensée du moi absent[1].

Où est la différence entre la perception de la veille et celle du rêve? Dans la seconde, il n'y a plus « ajustement » du souvenir à la sensation et de la sensation au souvenir, il n'y a plus « concentration », il n'y a plus « réglage[2] »; « elle n'apporte guère que du diffus et du confus[3] » c'est pourquoi « le rêve ne crée généralement rien[4] ». Voilà enfin les mots qui dissipent toute équivoque : si, par son être même, la durée est création, le rêve ne saurait être le cas privilégié sur le modèle duquel nous allons la penser. La détente qui permet nos songes découvre une durée elle-même détendue, c'est-à-dire de la durée en état de moindre consistance, où le mouvant est du flottant, où l'être est ontologiquement faible. Au contraire, la détente qui donne la pure durée doit permettre de la saisir en tant que créatrice, c'est-à-dire là où sa tension la manifeste comme gain continu, comme énergie substantiellement spirituelle. On ne s'étonnera donc pas de lire dans *L'Évolution créatrice* des textes qui paraissent dévier du chemin tracé par les descriptions des livres précédents. Certes, pour nous rappeler que la durée est mémoire et que son intuition suppose un désintéressement radical, on parle encore de « rêver la vie passée[5] » mais dès qu'il s'agit de la durée comme élan et imprévisible nouveauté, le rêve n'est plus que le symbole d'une « vitalité vague et floue[6] »

Or, de la vie à basse tension, c'est très exactement, dans le bergsonisme, ce qui correspond à l'idée de matière et à la métamorphose du temps en espace. « Laissons-nous aller : au lieu d'agir, rêvons. Du même coup, notre moi *s'éparpille* : notre passé, qui jusqu'alors se ramassait sur lui-même dans l'impulsion indivisible qu'il nous communiquait, se décompose en mille et mille souvenirs qui *s'extériorisent* les uns par rapport aux autres. Ils renoncent à s'entrepénétrer à mesure qu'ils se figent davantage. Notre personnalité redescend ainsi dans la direction de *l'espace*[7]. » Texte remarquable : le rêve qui, hier, nous approchait de « l'interpénétration réciproque » essentielle à la durée, ce même rêve nous aide maintenant à voir comment « l'espace est le terrain ultime du mouvement de détente de l'esprit[8] ».

1. *Ibidem*, p. 101-103 (885-887).
2. *Ibidem*, p. 111-114 (893-894).
3. *Ibidem*, p. 98-99 (884).
4. *Ibidem*, p. 99 (884).
5. *Évolution créatrice*, p. 196 (648).
6. *Ibidem*, p. 278-279 (713).
7. *Ibidem*, p. 220 (666) mots soulignés par nous. Cf. p. 228 (672). Voir une formule analogue déjà dans la *Lettre à W. James*, du 25 mars 1903, dans *Mélanges*, p. 587-589.
8. *Ibidem*, p. 231 (675).

Il y a donc, comme l'écrit très justement M. Georges Poulet, deux groupes de textes : « l'un dans lequel le détachement de l'action aboutit à la conscience de la continuité mélodique de l'existence, l'autre dans lequelle même détachement conduit à l'inverse de cette continuité, c'est-à-dire à la juxtaposition d'éléments discontinus sur un fond d'espace homogène [1] ». Il ne saurait y avoir contradiction – Bergson ne nous aurait pas attendus pour la voir. Parlerons-nous d'évolution ? Il y a sans doute moins évolution que changement de point de vue, selon que Bergson considère la durée comme mémoire ou comme création. Dans le premier cas, le rêve lui fournit une comparaison pour exprimer le fait de suspendre ce qu'il appelle l'attention à la vie; mais ce dernier mot est équivoque. Dans la formule qu'emploie Bergson, il renvoie à l'existence quotidienne où il faut gagner sa vie, travailler pour manger, voir où l'on pose le pied, ne pas prendre des vessies pour des lanternes, s'adapter aux circonstances, ne pas manquer le virage… il s'agit de cette fonction de surveillance qui définit l'état de veille par notre présence active au monde. Cessons d'être ainsi attentifs à la vie : ce peut être le rêve, de la vie qui s'effiloche en charpie; ce peut être aussi une conversion de l'attention. Cette seconde attitude est celle du philosophe; elle se précise lorsqu'il considère ce qui dure comme manifestant un élan créateur, comme étant le contraire d'un rêve, comme vie vivante ou mieux *vitalisant.* Il y a, ici encore, attention à la vie, mais à une autre vie.

Ce changement de point de vue apparaîtra très clairement si nous lisons les textes sur la vision panoramique des mourants et surtout si nous les lisons avec M. Georges Poulet. Comparant d'abord l'interprétation du phénomène que donne Bergson dans *Matière et mémoire* avec les documents et les témoignages qu'il cite, M. Georges Poulet montre que son originalité est précisément d'avoir vu dans cette hypermnésie quasi instantanée l'effet d'une détente et non, comme ses prédecesseurs – du moins ceux qu'il connaissait – l'effet d'une contraction, d'une concentration, d'une suractivité de l'âme. « C'est comme si, de lui-même, tout le passé, tout *son* passé, toute sa vie déjà accomplie, se portait à la rencontre de celui qui, ayant renoncé à agir, renonçait, du même coup, à interdire à son passé d'envahir son présent. Dans la certitude de mourir, quand l'homme se convainc qu'il est inutile de prêter encore attention à sa vie présente, il tombe dans un état équivalent à celui de la rêverie la plus profonde », de sorte que le mourant est « le rêveur absolu [2] ». On ne saurait mieux commenter la première explication que Bergson a presentée.

Car il y en a une seconde dans la conférence de 1911 sur *La perception du changement.* « Il arrive, dans des cas exceptionnels, que l'attention

1. *Bergson et la vision panoramique*…, art. cit., p. 38.
2. *Ibidem*, p. 33.

renonce tout à coup à l'intérêt qu'elle prenait à la vie : aussitôt, comme par enchantement, le passé redevient présent... » Mais cet enchantement n'est pas de ceux qui font rêver. « ... Chez des personnes qui voient surgir devant elles, à l'improviste, la menace d'une mort soudaine, chez l'alpiniste qui glisse au fond d'un précipice, chez des noyés et chez des pendus, il semble qu'une *conversion brusque de l'attention* puisse se produire – quelque chose comme un *changement d'orientation* de la conscience qui, jusqu'alors tournée vers l'avenir et absorbée par les nécessités de l'action, subitement s'en désintéresse. » Le phénomène est bien alors l'effet d'une détente, mais parce que cette détente est la condition d'une vision qui est, à sa façon, attention, Bergson dit même: « attention à la vie. » « *Une attention à la vie* qui serait suffisamment puissante, et suffisamment dégagée de tout intérêt pratique, embrasserait dans un passé indivisé l'histoire passée tout entière de la personne consciente... » : tel est « le panorama » quand l'imminence de la mort suspend l'attention à cette vie dans le monde que l'on va quitter[1].

« Le rôle de la philosophie ne serait-il pas de nous amener à une perception plus complète de la réalité par un certain déplacement de notre attention ? Il s'agirait de *détourner* cette attention du côté pratiquement intéressant de l'univers et de la *retourner* vers ce qui, pratiquement, ne sert à rien. Cette conversion de l'attention serait la philosophie même[2]. « Voici qui devrait mettre fin à toute discussion sur *intuition et action* dans le bergsonisme. La clarté, toutefois, ne sera complète que si l'on sait distinguer ce qui revient à l'activité de l'esprit pour réaliser l'intuition et ce qui appartient à l'activité immanente à la durée saisie dans l'intuition. Cette précision sera particulièrement importante pour comprendre l'intuition quand elle deviendra mystique.

Considérant son œuvre et les critiques qu'elle avait provoquées, Bergson se rendait ce témoignage : « Nous répudions la facilité. Nous recommandons une certaine manière difficultueuse de penser. Nous prisons par-dessus tout l'effort. Comment quelques-uns ont-ils pu s'y tromper ?... parce que nous appelions l'attention sur la mobilité qui est au fond des choses, on a prétendu que nous encouragions je ne sais quel relâchement de l'esprit[3]... » A ce niveau, la discussion est vite close. Il est trop manifestement difficile d'aller contre cette seconde nature qu'est l'habitude ; « nous éprouvons une incroyable difficulté à nous représenter

1. *La perception du changement*, dans *La pensée et le mouvant*, p. 192-193 (1387), mots soulignés par nous. De même dans « *Fantômes de vivants* » et « *Recherches psychiques* », 1913, *Énergie spirituelle*, p. 81-82 (872-873).

2. *Ibidem*, p. 174 (1373-1374).

3. *La pensée et le mouvant*, p. 109-110 (1328).

la durée dans sa pureté originelle[1] »; que de médiations à écarter pour rendre les données immédiates ! il faut « briser les cadres du langage[2] », « creuser au-dessous de la surface de contact entre le moi et les choses extérieures[3] ». On ne parle que de « torsion » et d'« inversion ». Dans le texte où il confère définitivement un sens bergsonien au mot « intuition », le philosophe en souligne « le caractère essentiellement actif » et, six fois, il nous invite à « l'effort d'intuition[4] »

Mais, dans cette philosophie, psychologie du connaître et ontologie du connaître sont inséparables : la nature de l'objet connu détermine la façon de le connaître. Bergson a choisi le mot « intuition » pour désigner une connaissance immédiate, c'est-à-dire sans aucun intermédiaire, ne serait-il qu'un symbole. De multiples images unissent alors immédiateté, du côté du sujet connaissant, à intériorité, du côté de l'objet connu; plus exactement : il n'y a plus deux côtés quand la connaissance « pénètre » l'objet, « s'y insère », « s'y installe », nous « y introduit », le saisit « par le dedans[5] ». C'est pourquoi le mot « sympathie » vient spontanément sous la plume du philosophe : « Nous appelons ici intuition, avons-nous lu dans la première definition qui réserve au mot un sens bergsonien, la *sympathie* par laquelle *on se transporte* à l'intérieur d'un objet pour *coïncider* avec ce qu'il a d'unique et par conséquent d'inexprimable[6]. » Mais ce sens n'apparaît vraiment bergsonien qu'au moment où l'on nous apprend ce qu'est l'« intérieur » de l'objet, ce qui en fait une existence « unique et inexprimable ». L'intuition cartésienne était aussi une connaissance immédiate et l'intuition romantique était déjà connaissance par sympathie : toutes les images qu'emploie la philosophie nouvelle doivent elles-mêmes un nouveau pouvoir de suggestion à la philosophie qui les rapporte à la durée.

L'objet connu n'a plus rien d'un objet, ni la forme, ni la consistance, ni la solidité, ni la fixité. Le mot « intuition » doit être vidé de tout ce qu'il pourrait confusément retenir d'*intueri* : né d'une métaphore qui donne des yeux à l'âme comme au corps, il faut, en quelque sorte, *dévisualiser* son sens. La chose qui dure n'est plus une chose : l'intuition est une vision sans choses vues. La question qui porte sur « intuition et action » a donc deux réponses. Il faut considérer l'action de l'esprit pour se détourner de la vie

1. *Les données immédiates*..., p. 81 (71).

2. *Ibidem*, p. 102 (89).

3. *Ibidem*, p. 103 (90).

4. *Introduction à la métaphysique*, dans *La pensée et le mouvant*, p. 233 (1416); cf. p. 215-226, 235-237, 253-255 (1402-1441, 1417-1418, 1432); cf. Husson, *ouv. cit.*, p. 14, n. 2.

5. Voir les nombreux textes cités par L. Husson, *ouv. cit.*, p. 14-16.

6. Voir *supra*, p. 32 (mots soulignés par nous).

« engagée », au sens devenu usuel de ce terme ; il faut, en outre, considérer l'action immanente à l'être vers lequel l'attention se trouve alors tournée.

On peut donc dire que la philosophie de Bergson a restauré l'idée de contemplation et un certain idéal de vie contemplative. L'esprit de cette doctrine ne souffle certes pas dans les tours d'ivoire. Le philosophe est un homme aux yeux ouverts sur le monde, attentif aux progrès des sciences et aux conséquences intellectuelles, économiques, sociales qui s'enchevêtrent dans une histoire où tout se tient. Mais l'acte propre du philosophe, l'acte de dévoiler la réalité, exige cette « conversion de l'attention » qui est à la fois désintéressement et contemplation. Comme dans le platonisme grec et chrétien. Toutefois, le désintéressement ne coupe pas la contemplation de l'univers où le devenir dissout l'être, où le changement fait onduler les formes, où le temps s'oppose à l'éternité. C'est presque le contraire : le désintéressement libère la contemplation d'un univers où l'intelligence s'accorde avec la matière pour figer le devenir et le vider ainsi de son être, pour durcir les formes, pour réduire le temps à l'espace, y compris ce temps indéfiniment allongé qu'est l'image géométrique de l'éternité : ce qui est alors contemplé est ce que Bergson appelle durée, élan vital, énergie spirituelle.

LA DURÉE VUE DU MOI

Cette durée, cet élan vital, cette énergie spirituelle, comment penser leur être pour en faire l'objet d'un discours philosophique ? S'il échappe aux catégories de l'entendement, ne faut-il pas tailler d'autres catégories moins inadéquates ? Un court dialogue avec Le Dantec, en 1917, précise la position de la question. Pour Bergson, elle équivaut à l'alternative : mathématiques ou psychologie. Ou bien l'intelligence mesure le mouvement de l'extérieur, ou bien elle revit intérieurement sa durée. « Partant des données de la biologie actuelle, – là est, en effet, le sens historique que Bergson ne cesse de donner à son œuvre –, on peut se proposer de les relier entre elles, ou par des schémas mathématiques (c'est, je crois, ce que fait M. Le Dantec), ou par des schémas psychologiques (c'est ce que j'ai tenté de faire). Ce ne sont pas là, comme M. Le Dantec paraît le croire, deux manières différentes de dire les mêmes choses. Ce sont deux points de vue opposés sur l'évolution de la vie. » A parler exactement, les schémas mathématiques excluent de la vie toute évolution et de celle-ci « on n'obtiendra jamais une approximation que par des schémas d'ordre psychologique [1] ».

Dans cette perspective, où chercher ces schémas sinon dans les cas où ils sont les plus visibles ? Si la conscience est coextensive à la vie, comment ne pas aller directement là où la vie devient conscience de ce qu'elle est ? Dans l'évolution créatrice la discontinuité de la création n'abolit pas la continuité de l'évolution ; les différences, même de nature, entre les formes n'empêchent pas l'unicité de l'être en jets divergents. Il est donc normal que le plus révèle le moins. Tout dépend alors de ce qui représente le plus. A l'étape des *Deux sources*, le plus sera représenté par la surhumanité des mystiques, et c'est dans leur intuition que sera révélé le sens de toute vie. A l'étape de *L'Évolution créatrice*, le plus apparaît avec l'homme, et c'est dans l'acte libre que l'on voit, comme en un miroir grossissant, la nature de toute conscience.

Ainsi, *Les données immédiates de la conscience* fournissent « les schèmes psychologiques » dont le philosophe de la nature a besoin pour édifier la cosmologie de *L'Évolution créatrice*. Ceci est dit dès l'introduction de ce dernier ouvrage : après avoir rappelé les schèmes élaborés dans le premier pour penser la « durée réelle » à la fois comme « continuité indivisée et création », Bergson déclare : « Dans le présent travail, nous faisons application de ces mêmes idées à la vie en général, envisagée d'ailleurs elle-même du point de vue psychologique[2]. » C'est bien pourquoi, toutes les fois que Bergson aborde pour elle-même la question de l'être imparfaitement signifié par l'image de l'élan vital, il ne renvoie pas à ces expériences de la conscience évanescente où, n'étant plus qu'une obscure clarté, celle-ci laisserait entrevoir, à la limite, ce que veut dire « coextensive à la vie ». L'évolution créatrice des espèces végétales et animales n'est pas comme une rêverie de la nature. Bien au contraire, pour la décrire et l'expliquer, on invoque le témoignage de la personne humaine prise à sa plus haute tension.

Très caractéristiques sont les deux alinéas qui introduisent le développement sur « spiritualité » et « matérialité », commençant par : « Concentrons-nous… », « Détendons-nous… ». Avec le premier mouvement, c'est la plongée dans la pure durée, jusqu'à ce point où « nous sentons se tendre jusqu'à sa limite extrême, le ressort de notre volonté », jusqu'à ce moment privilégié où, « par une contraction violente sur elle-

1. Lettre au directeur de la *Revue du mois* après l'article de Le Dantec sur *L'Évolution créatrice*, datée du 20 août 1907, *Mélanges*, p. 731. Sur l'intérêt de cette polémique avec Le Dantec, voir Lydie Adolphe, *L'Univers bergsonien*, Paris, La Colombe, 1955, 1re partie, chap. I et II.

2. *Évolution créatrice*, p. VII, n. 1 (494, n. 1 de la p. 493).

même », notre personnalité se jette tout entière dans l'acte libre qui l'exprime. Avec le second, c'est l'éparpillement dans l'espace, la volonté se dissolvant dans le rêve, la personnalité s'évanouissant avec la liberté dans des activités mécanisées. Or, concentration et détente signifient les deux directions qui définissent « l'existence psychique » et « l'existence physique[1] ».

Même appel à la psychologie de la personnalité pour décrire la durée en général au début du livre[2] et pour corriger l'image de l'élan vital dans les pages sur « la signification de l'évolution[3] ». Même recours à l'expérience de l'acte libre et de l'invention pour donner une idée de ce « pur vouloir » immanent à la vie qui crée les espèces[4]. Ainsi, la conscience de soi me révèle ce qu'est la conscience sans moi ; la liberté expérimentée dans le moi profond me révèle la liberté d'une vie encore plus profonde que le moi ; la volonté qui dit « je » me révèle une volonté antérieure à tout « je » ; la création de soi par soi et l'invention artistique me révèlent le génie de la nature, génie plutôt pré-personnel qu'impersonnel, de sorte que le langage pourra personnifier la nature sans risque d'anthropomorphisme.

Que la nouvelle philosophie ait commencé par traiter de la liberté, il y a là un fait intéressant à trois points de vue. D'abord, la thèse de 1889 prend place dans la série des thèses de Sorbonne qui coïncide avec l'histoire du « positivisme spiritualiste », chacun faisant, à sa façon, apparaître dans la liberté de l'esprit l'obstacle que l'autre positivisme essaie vainement de tourner. *De l'habitude* de Ravaisson, en 1838, *Du fondement de l'induction* de Lachelier, en 1871, *De la contingence des lois de la nature* d'Émile Boutroux, en 1874, autant d'efforts pour situer le problème de la liberté au delà de la zone où l'explication scientifique use de schémas déterministes.

Mais, ce que ne faisaient pas ses prédécesseurs, Bergson regarde en face l'acte libre : son livre n'est même qu'une recherche des conditions qui rendent possible ce regard. Si une philosophie de la nature est sous-jacente et si une critique de la connaissance scientifique prend forme tout le long de l'ouvrage, sa fin et sa méthode sont commandées par la découverte de la durée : il s'agit de savoir ce que devient le problème métaphysique de la liberté quand l'acte libre est pris dans la durée d'où il jaillit. La nouvelle psychologie, remarquons-le, n'apporte pas une solution à ce problème : elle constate qu'il s'évanouit quand ses termes sont rapportés à la réalité

1. *Ibidem*, p. 218-221 (664-667).
2. *Ibidem*, p. 6-8 (499-500).
3. *Ibidem*, p. 279-281 (713-714).
4. *Ibidem*, p. 258-261 (696-699) ; cf. p. 50-52 (534-535).

qui est vraiment donnée à la conscience, une fois enlevé l'écran des concepts et des mots[1].

Il y a donc une expérience de l'acte libre : or, elle est expérience de la durée prise à un de ces moments privilégiés où le plus révèle le moins. Si, plus tard, pour explorer un monde qui dure ou pour s'approcher d'un Dieu qui dure, la pensée doit substituer aux modèles mécaniques un modèle psychologique, elle le trouvera dans le troisième chapitre des *Données immédiates*. Si des schémas psychologiques sont requis pour élaborer une philosophie de la nature à partir de la biologie moderne et une théologie en accord avec cette philosophie, ils se détacheront le plus nettement dans l'être où la vie culmine et à l'instant où il est le plus totalement lui-même.

Qu'est-ce donc que l'acte libre ?

« Nous sommes libres, répond Bergson, quand nos actes émanent de notre personnalité entière, quand ils l'expriment, quand ils ont avec elle cette indéfinissable ressemblance qu'on trouve parfois entre l'œuvre et l'artiste[2]. » Cette indéfinissable ressemblance à laquelle nous reconnaissons un Cézanne ou un Van Gogh avant même d'avoir vu la signature. Aussi faut-il chercher la liberté « dans un certain caractère de la décision prise[3] », « dans une certaine nuance ou qualité de l'action même[4] », et non dans les circonstances qui entourent le déclenchement de la décision ou l'accomplissement de l'action.

Les défenseurs de la liberté la définissent volontiers en rapportant la décision à des raisons dont une délibération fait ressortir à la fois la justesse et la force. Ils la démontrent en l'attribuant à une action choisie entre d'autres qui étaient possibles. C'est pourquoi ils ont l'habitude de chercher leurs illustrations dans les épisodes de la vie morale : conflits de deux devoirs, lutte entre le devoir et les passions, opposition du devoir à l'intérêt. Or, pour Bergson, la liberté est dans un acte d'invention, ses exemples évoquent l'artiste en train de créer son œuvre : ni la rationalité ni le choix ne lui sont essentiels, mais, comme on dirait aujourd'hui, l'engagement de l'être que je suis, par lequel je fais celui que je suis.

« Nous voulons savoir en vertu de quelle raison nous nous sommes décidés, et nous trouvons que nous nous sommes décidés sans raison, peut-être même contre toute raison. Mais c'est là précisément, dans certains cas, la meilleure des raisons. Car l'action accomplie n'exprime plus alors telle idée superficielle, presque extérieure à nous, distincte et facile à exprimer : elle répond à l'ensemble de nos sentiments, de nos pensées et de nos

1. Cf. *Données immédiates*..., Avant-propos.
2. *Ibidem*, p. 132 (113).
3. *Ibidem*, p. (114).
4. *Ibidem*, p. 140 (120).

aspirations les plus intimes, à cette conception particulière de la vie qui est l'*équivalent de toute notre expérience passée*[1]... » Allons plus loin : il y a des cas où, sous l'empire d'une passion, je ne suis plus moi; plus exactement le moi superficiel est comme hypnotisé; mais – on ne saurait trop fortement souligner l'originalité du propos – » la passion, même soudaine, ne présenterait plus le même caractère fatal s'il s'y reflétait, ainsi que dans l'indignation d'Alceste, toute l'histoire de la personne[2] ».

Réduit au triste choix ou de trahir ma flamme
Ou de vivre en infâme...

Voilà l'instant de la liberté selon la définition traditionnelle.

Rodrigue, as-tu du cœur ?
Tout autre que mon père
L'éprouverait sur l'heure.
Agréable colère !

La liberté bergsonienne est dans cette « agréable colère » où, avec Don Diègue, nous reconnaissons Rodrigue tout entier[3].

Quels sont alors les « schémas psychologiques » impliqués dans l'expérience de l'acte libre? On en retiendra deux: celui de l'un et du multiple, celui de la totalité.

A certains égards, le bergsonisme est une variation sur le thème antique de l'un et du multiple. Ce n'est point par hasard que la thèse fondamentale du premier livre porte sur une distinction radicale entre une multiplicité numérique qui ajoute des unités les unes à côté des autres, c'est-à-dire dans l'espace, et une multiplicité non numérique où il y a interpénétration dans la conscience au sein de l'unité. Les mots n'ont évidemment pas le même contenu quand on parle d'une multiplicité obtenue par addition d'unités et d'une unité qui ne peut jamais être au pluriel puisqu'elle englobe la pluralité. On trouve, certes, dans le plotinisme une perception très précise de l'équivoque à dissiper, l'unité désignant tantôt ce qu'il y a de plus pauvre puisque le multiple est sa multiplication, tantôt ce qu'il y a de plus riche puisque le multiple naît de sa diffusion. Mais « l'Un qui n'est pas nombre », comme dit Plotin, transcende l'Être[4]: l'unité bergsonienne coïncide avec l'existence et, comme cette existence est devenir, elle inclut le multiple qui, de ce fait, cesse, lui aussi, d'être nombre; il n'est pas question de l'Un comme premier principe; unité et multiplicité non numériques sont simplement des données immédiates de la conscience.

1. *Ibidem*, p. 130 (112), mots soulignés par nous.
2. *Ibidem*, p. 128 (111).
3. *Le Cid*, acte I, scène VI, vers 305-306 et scène V, v. 261-263.
4. Cf. Plotin, *Ennéades*, V, III, 4-5.

Par la distinction de la multiplicité numérique et de la multiplicité non numérique, le chapitre II des *Données immédiates* domine le bergsonisme tout entier[1]. Une page de *L'Évolution créatrice* le montre bien, reprenant ce schéma psychologique pour l'appliquer en cosmologie.

« La vie est en réalité d'ordre psychologique, et *il est de l'essence du psychique d'envelopper une pluralité confuse de termes qui s'entrepenètrent.* Dans l'espace, et dans l'espace seul, est possible la multiplicité distincte; un point est absolument extérieur à un autre point. » Mais comment compter un à un les instants d'une durée qui s'écoule et les reflets d'une mobilité chatoyante? « Ma personne, a un moment donné, est-elle une ou multiple? Si je la déclare une, des voix intérieures surgissent et protestent, celles des sensations, sentiments, représentations entre lesquelles mon individualité se partage. Mais si je la fais distinctement multiple, ma conscience s'insurge tout aussi fort, elle affirme que mes sensations, mes sentiments, mes pensées sont des abstractions que j'opère sur moi-même, et que chacun de mes états implique tous les autres. » On lira ce qui suit mot à mot, car l'apparente préciosité des formules suit exactement l'arabesque de la pensée : « Je suis donc – il faut bien adopter le langage de l'entendement, puisque l'entendement seul a un langage – *unité multiple* et *multiplicité une*; mais unité et multiplicité ne sont que des vues prises sur ma personnalité par un entendement qui braque sur moi ses catégories : je n'entre ni dans l'une ni dans l'autre ni dans les deux à la fois, quoique les deux, réunies, puissent donner une imitation approximative de cette interpénétration réciproque et de cette continuité que je trouve au fond de moi-même. » Tout schéma schématise et se laisse déborder par ce qui est schématisé. Celui que Bergson vient de monter est, par entrecroisement de concepts, assez serré pour coller au réel et laisser entrevoir ce qui lui échappe. La réussite en psychologie autorise l'usage en cosmologie. « Telle est ma vie intérieure, conclut le philosophe, et telle est aussi la vie en général[2]. »

Si, dans cette page, Bergson choisit l'exemple de la personnalité pour opérer une rapide mise en forme de ce schème, c'est que, dans la thèse de 1889, l'unité et la multiplicité détachées du nombre ont permis de montrer l'acte libre là où ni les défenseurs de la liberté ni ses adversaires n'ont pu le voir, victimes, les uns comme les autres, de l'intelligence mathématicienne. Cet acte libre, avions-nous lu, « émane de notre personnalité entière » : or, cette totalité du moi est ce qui ne se trouvera jamais dans le total d'une addition : « … Le déterminisme psychologique lui-même et les

1. Cf. *Données immédiates…*, chap. II, notamment p. 65-68 (58-6I) et 92-97 (80-85).

2. *Évolution créatrice*, p. 279-280 (713-714); mots soulignés par nous. Cf. la note à la fin de l'introduction dans *L'Évolution créatrice* et *réponse à R. M. Kallen*, 1915, dans *Mélanges*, p. 1191-1194.

réfutations qu'on en donne, reposent sur une conception inexacte de la multiplicité des états de conscience[1]... »

Quand on dit que telle idée ou tel sentiment détermine ma conduite, on commence par découper dans ma conscience cette idée ou ce sentiment pour en faire une cause qui puisse être prise à part et pourvue d'une efficacité propre. Si, au milieu de ces motifs et de ces mobiles, surgit une volonté capable de les transformer en raisons qui déterminent sans nécessiter, c'est que je cherche à loger la liberté dans une faculté qui est, elle aussi, découpée dans la conscience pour être chargée d'une spontanéité causale. Pareilles représentations ne déforment pas trop le moi superficiel de la vie quotidienne, cet automate intelligent que ses habitudes rendent apte à se débrouiller dans le monde des objets et la société des hommes. Il convient alors de savoir d'où vient l'évidente différence entre : « Comment allez-vous ? » dit du bout des lèvres pour faire démarrer une conversation avec quelqu'un qui apparemment se porte bien et la même question posée « avec toute son âme » à un ami malade. C'est ici que le schème psychologique de l'unité et de la multiplicité non-numériques, opérant le passage du superficiel au profond, permet le recours au schème psychologique de la totalité.

« ... A mesure que l'on creuse au-dessous de cette surface, à mesure que le moi redevient lui-même, à mesure aussi ses états de conscience cessent de se juxtaposer pour se pénétrer, se fondre ensemble, et se teindre chacun de la coloration de tous les autres. Ainsi, chacun de nous a sa manière d'aimer et, de haïr, et cet amour, cette haine reflètent sa personnalité tout entière... » En dépit du langage qui les dépersonnalise pour les couvrir d'un même mot, l'amour d'Othello n'est pas celui de Titus, la haine de Clytemnestre pour Agamemnon n'est pas celle d'Athalie pour le Dieu des Juifs. « C'est donc, écrit Bergson, une psychologie grossière, dupe du langage, que celle qui nous montre l'âme déterminée par une sympathie, une aversion ou une haine comme par autant de forces qui pèsent sur elle. Ces sentiments, pourvu qu'ils aient atteint une profondeur suffisante, représentent chacun l'âme entière, en ce sens que tout le contenu de l'âme se reflète en chacun d'eux. Dire que l'âme se détermine sous l'influence de l'un quelconque de ces sentiments, c'est donc reconnaître qu'elle se détermine elle-même[2]. »

1. *Données immédiates*..., p. 109 (94).

2. *Ibidem*, p. 125-126 (108-109). L'interprétation de ce texte est décisive pour l'interprétation générale du bergsonisme ; c'est pourquoi on se méfiera de toutes les formules qui rappellent ici le spinozisme, surtout lorsqu'elles apparaissent dans un exposé très exact de l'acte libre comme celui de V. Jankélévitch : « La liberté représente donc une sorte de nécessité supérieure... La liberté ainsi conçue ne serait autre chose, comme tous les grands métaphysiciens l'ont vu, qu'une forme de la nécessité – une nécessité organique, intime et

Il faut bien comprendre le renversement que signifient ces derniers mots; en devenant réfléchi, le verbe a complètement changé le sens de l'action : une auto-détermination exclut de la détermination tout déterminisme. Ceci, parce que la totalité qui déborde toute multiplicité numérique ne peut se prêter au découpage en deux termes qu'implique le schème causal. Précisons : une âme qui serait déterminée par un sentiment, c'est là une relation avec deux termes distincts dont l'un agit sur l'autre comme une cause qui produit un effet; or, il y a deux termes parce que, si la totalité est restée du côté de l'effet, on en a extrait une partie pour donner forme à la cause; lorsque la totalité est dans la cause comme dans l'effet, il n'y a plus, à parler exactement, de cause ni d'effet, car ce que nous appelons cause pourrait aussi bien être appelé effet, et inversement. Autrement dit : une âme qui se détermine elle-même ne saurait être pensée comme une espèce de cas-limite à partir d'une âme déterminée par une idée ou une passion; avec la totalité, il ne s'agit plus de passage à la limite, mais de cette discontinuité radicale qu'introduit un changement de point de vue.

Le schéma psychologique de la totalité est donc une autre façon de penser l'unité de la chose qui dure : le passage de la totalité aux parties est celui de l'unité non numérique à celui de la multiplicité numérique, de l'unité qui inclut une multiplicité innombrable à la multiplicité qui additionne des unités figurées par le chiffre un. Changement de point de vue dont Bergson accuse la discontinuité en écrivant : « On ne peut raisonner sur les parties comme on raisonne sur le tout[1]. »

Raisonner sur les parties, c'est rester au niveau de la raison qui fait abstraction de la durée et projette le réel dans l'espace où découpages, assemblages, mesures sont possibles. Raisonner sur le tout, c'est ne jamais quitter l'intuition de la durée de sorte que nos raisonnements soient comme suspendus à cette intuition. Existence, durée, totalité sont ainsi des façons différentes de parler de l'être dans la philosophie nouvelle. Exister, c'est durer et c'est le tout qui dure. Qui cherche la coïncidence avec la durée doit se mettre au point de vue du tout; qui se met au point de vue du tout, se met en face de la durée. Et puisque la durée est d'essence psychique, le schéma de la totalité est d'origine psychologique.

permanente. » (*Bergson*, 1re éd., p. 102-103). Texte repris et précisé dans la 2e édition où les grands métaphysiciens sont nommés : « ...comme Plotin, les stoïciens et Spinoza l'avaient compris » (p. 79). Par contre, reconnaître dans l'acte libre de l'*Essai* une sorte de déterminisme est une thèse critique : on la trouve exposée, avec toutes les nuances requises, dans Roger-E. Lacombe, *La psychologie bergsonienne, Étude critique*, Alcan, 1933, chap. VI.

1. *Évolution créatrice*, p. 398 (806).

Intimement lié à la pensée de la durée, ce schéma intervient aux moments décisifs du bergsonisme où une inversion radicale tourne l'esprit vers le réel. On vient de le constater à la fin des *Données immédiates*, avec l'expérience de l'acte libre qui exprime le moi total : on va le voir aussi lorsque au début de *L'Évolution créatrice* il faut passer du moi qui dure au monde qui dure.

CHAPITRE III

L'HOMME

« ÉVOLUTION CRÉATRICE » ET « ÉVOLUTION DESTRUCTRICE »

Avant de relire *L'Évolution créatrice*, il convient de prévenir une impression : n'est-ce point là une histoire romancée de la nature ? L'information scientifique n'aurait-elle pas servi de tremplin à l'imagination d'un métaphysicien poète ? Cette « évolution créatrice » ne paraît-elle pas plus près d'une épopée que d'un système du monde ? C'est un magnifique « tout se passe comme si… » : on voudrait cependant savoir pourquoi « tout se passe comme si… ». Or, Bergson l'a sans doute dit dans quelques pages du troisième chapitre dont Albert Thibaudet avait déjà souligné la portée [1].

Elles se trouvent sous le titre courant : *Genèse idéale de la matière*. Pour exécuter le projet que ces mots désignent, il fallait bien prendre la matière telle que la physique contemporaine la représentait : il était donc normal que Bergson considère d'abord ses deux lois les plus générales, le principe de la conservation de l'énergie et celui de la dégradation. Cette réflexion sur les principes semble bien introduire un moment dialectique au commencement de la nouvelle philosophie de la nature.

Bergson voit le premier au terme d'une longue histoire, celle de l'intelligence en quête de ce qui ne change pas au sein de ce qui paraît changer : c'est, disait Descartes, la quantité de mouvement; Leibniz rectifie : la quantité de force; la notion d'énergie intervient quand la production de l'effet est rapportée à un système de forces et la raison éprise d'identité déclare : « En toute modification d'un système isolé, l'énergie totale du

1. *Évolution créatrice*, p. 262-267 (700-703). Cf. A. Thibaudet, *Le bergsonisme*, t. I, p. 208 *sq.*

système garde une valeur invariable. » Le principe ainsi énoncé joue un rôle important dans la philosophie « scientiste » que le jeune Bergson a bien connue : éliminant le devenir et le temps réel, il fait, selon le mot de Thibaudet, « marcher la science dans une sorte d'*Ersatz* de l'éternel et de l'absolu [1] ». Taine, par exemple, se plaît à l'imaginer comme « une dérivée peu distante » de cet axiome universel qui remplacerait Dieu au sommet de la pyramide encore inachevée que dessinent les lois de la nature [2]. C'est à des amplifications de ce genre que pense l'auteur des *Données immédiates* quand il écrit : « Il ne faudrait pas s'exagérer le rôle du principe de la conservation de l'énergie dans l'histoire des sciences de la nature [3]. » La critique du déterminisme physique par quoi doit commencer la philosophie de la liberté va donc fixer son sens et sa portée.

L'intention originelle du bergsonisme se retrouve ici. Reconnaître que le temps de la science n'est pas celui de la réalité, c'est s'engager sur une voie où il faudra bien, un jour ou l'autre, considérer la loi qui régit souverainement le monde pensé dans ce temps sans durée. De là, une critique philosophique du principe de la conservation de l'énergie dans le troisième chapitre du premier livre, dans des pages qui, précisément, relient cette thèse de psychologie aux réflexions antérieures de son auteur sur la philosophie de la nature [4].

Derrière ce principe, il y a le modèle que fournit l'opération mathématique : on exécute celle-ci sur une quantité donnée, ce qui implique qu'elle reste constante, de quelque manière qu'on la décompose. C'est pourquoi l'idée d'un « principe conservateur universel » apparaît liée aux succès de la physique devenue mathématique à l'époque de Descartes et de Leibniz. C'est pourquoi, aussi, depuis la constitution d'une théorie mécanique de la chaleur, le principe semble applicable à toutes les énergies que manifestent les phénomènes physico-chimiques. Mais, remarque Bergson, il en existe d'autres : rien ne prouve qu'un principe de permanence quantitative soit encore valable dans l'étude des phénomènes physiologiques ou psycho-physiologiques. Le contraire est même probable : les « systèmes conservatifs » mettent en mouvement des points matériels susceptibles de revenir à leur position première et cette simple possibilité abolit ce qui signifierait l'action du temps : l'irréversibilité. On ne voit donc pas comment le principe s'appliquerait là où la durée rend l'hypothèse d'un retour en arrière inconcevable, là où le même ne demeure jamais le même.

1. *Ouv. cit.*, p. 209-210.
2. *De l'intelligence*, t. I, p. 10-11 ; t. II, p. 452-453.
3. *Données immédiates*..., p. 115 (100).
4. *Ibidem*, p. 115-119 (100-103).

La critique du déterminisme physique ne met pas l'auteur de l'*Essai* en face du second principe. Celui-ci, on le sait, fait son apparition en 1824 dans les *Réflexions sur la puissance motrice du feu*, de Carnot. Il annonce une véritable révolution : Clausius le comprend et voit aussitôt la nécessité de concilier la dégradation de l'énergie avec sa conservation. Une image simple et pittoresque traduit le sens de la nouvelle notion : on ne saurait faire passer de la chaleur d'un corps froid sur un corps chaud. Ce qui veut dire : lorsque de la chaleur est communiquée à un corps moins chaud par un corps plus chaud, elle ne peut revenir là d'où elle est venue ; le changement qui s'est produit est donc irréversible ; il est vraiment arrivé quelque chose et cet événement appartient au temps de l'histoire. Ce n'est pas tout : de la chaleur passe d'un corps plus chaud sur un corps moins chaud tant que ce dernier reste moins chaud : à l'instant où les deux corps sont arrivés à la même température, il n'arrive plus rien. Ce qui veut dire : il y avait une certaine capacité de produire un effet ou énergie, et voici maintenant que, cette capacité ne produisant plus d'effet, on pense à une source tarie, une source d'énergie, bien entendu. A l'échelle cosmique, ce principe signifierait qu'il y a dans la nature une tendance vers un état d'équilibre, où les forces se neutralisent, où le système s'immobilise, où la matière demeure stagnante.

Une « genèse » idéale de la matière ne pouvait partir que de la matière définie dans la dernière édition des sciences la concernant. Or, les deux principes apparaissent à Bergson sur deux plans distincts : le premier est une loi que la pensée impose aux choses ; le second, une vue prise sur la nature des choses.

Le principe de la conservation de l'énergie affirme que dans un système supposé clos une quantité reste constante : loi quantitative, elle est donc relative à nos instruments de mesure et surtout, dans des énergies qualitativement diverses, cinétiques, thermiques, électriques, etc., elle s'applique à ce qui est mesurable ou, si l'on peut dire, interchangeable. Il s'agit donc d'un principe scientifique, avec la part de convention que ces mots impliquent aujourd'hui. La dégradation de l'énergie, elle aussi, est mesurable ; c'est en termes mathématiques, bien sûr, que les physiciens l'énoncent ; mais ce qu'elle exprime déborde tout calcul, puisqu'elle signifie le sens d'un événement. Il s'agit donc de la réalité et le principe essaie de la traduire, « indépendant de toute convention ».

Ainsi, au niveau de *L'Évolution créatrice* comme hier au niveau des *Données immédiates*, s'affirme une opposition fondamentale entre la philosophie nouvelle et celles qu'inspirait l'esprit « scientiste ». Pour Taine, la conservation de l'énergie est une loi des choses, elle a une portée métaphysique, elle découvre dans l'histoire des phénomènes le suprême

Invariant. Au contraire, le principe de Carnot et de Clausius introduit Bergson dans un monde qui dure, où, même par abstraction, être et changer sont inséparables.

Mais ce changement est une dégradation de l'énergie. Si la philosophie bergsonienne de la nature n'était qu'une méta-physique, elle risquerait fort de substituer au temps de la science la durée qui use et le troisième livre de Bergson devrait raconter l'histoire d'un monde qui se meut vers l'immobile, « l'évolution destructrice », comme disait Thibaudet. Il y a « évolution créatrice » parce que la réflexion sur les principes de la physique s'achève dans une méta-biologie.

Le principe de Carnot – Clausius, écrit Bergson, « exprime essentiellement que tous les changements physiques ont une tendance à se dégrader en chaleur, et que la chaleur elle-même tend à se répartir d'une manière uniforme entre les corps… elle est la plus métaphysique des lois de la physique en ce qu'elle nous montre du doigt, sans symboles interposés, sans artifices de mesure, la direction où marche le monde. Elle dit que les changements visibles et hétérogènes les uns aux autres se dilueront de plus en plus en changements invisibles et homogènes, et que l'instabilité à laquelle nous devons la richesse et la variété des changements s'accomplissant dans notre système solaire cédera peu à peu la place à la stabilité relative d'ébranlements élémentaires qui se répéteront indéfiniment les uns les autres… [1] ».

Ainsi viendra la fin du monde, sans tragédie, par une sorte d'ankylose de la nature.

Cette vision physico-eschatologique agit comme un révulsif : l'image de l'« évolution destructrice » appelle aussitôt l'idée de l'« évolution créatrice ».

La fin du monde selon la prophétie thermodynamique pose la question de son origine. Si, à chaque instant, il y a épuisement de l'énergie dans notre système solaire, c'est que cette énergie eut « un maximum d'utilisation possible », et ceci « au début ». Autrement dit : s'il y a du *moins*, c'est qu'il y eut du *plus* ; si un terme est prévisible, il faut bien faire l'hypothèse d'un commencement. Ce n'est pas encore le problème de Dieu, mais la réponse en prépare l'énoncé bergsonien. Le problème est posé à l'intérieur de l'univers décrit par la physique contemporaine, mais la réponse fixe un statut métaphysique de cet univers qui va, cinq ou six pages plus loin, provoquer le recours à Dieu. Dans une étude sur la théodicée de Bergson, il convient de lire attentivement les quelques lignes où le philosophe rencontre l'idée d'un univers infini, pour l'écarter.

1. *Évolution créatrice*, p. 264-265 (701-702).

Pareille idée, en effet, écarterait l'hypothèse d'une ankylose universelle, elle supprimerait à la fois la prévision d'une fin et la question d'origine : il y aurait toujours du mouvement venu de plus loin. Soit, remarque Bergson, mais un univers distendu à l'infini serait fait d'une matière coïncidant avec l'étendue géométrique ; or, ce qui définit pareille étendue, c'est une extériorité absolue des parties les unes par rapport aux autres : est-ce encore la matière de notre physique où l'énergie implique une influence réciproque de toutes les parties les unes sur les autres ? On devine l'importance historique du dilemme. Ou bien l'univers est infini, mais sa matière est une étendue abstraite où l'on peut concevoir au même instant une infinité de mouvements, où tous les changements sont réductibles à un déplacement dans l'espace, où l'explication s'achève dans des schèmes mécanistes. Ou bien l'univers a une histoire, ses changements ont un sens, ce sens signifie que tout tient ensemble, les notions de direction, de totalité, d'inter-action débordant les schèmes mécanistes : on revient alors à l'idée antique d'un *cosmos*, c'est-à-dire d'un monde qui n'est pas *chaos*, qui est organisé et, comme tel, fini.

En conséquence, la source de l'énergie ne se trouve pas au niveau de ce que les schèmes mécanistes peuvent représenter : il est possible de mesurer l'énergie dans l'espace-temps de la science, mais son origine est au delà. « En réalité, écrit Bergson, le problème est insoluble si l'on se maintient sur le terrain de la physique, car le physicien est obligé d'attacher l'énergie à des particules étendues et, même s'il ne voit dans les particules que des réservoirs d'énergie, il reste dans l'espace : il mentirait à son rôle s'il cherchait l'origine de ces énergies dans un processus extra-spatial. C'est bien là cependant, à notre sens, qu'il faut la chercher[1]. » Déclaration capitale : le principe de Carnot-Clausius appartient à l'outillage conceptuel de la physique mathématique ; mais, pour le considérer comme une vue prise sur le réel, il faut cesser de le penser en physicien : ceci, parce que l'énergie qui se dégrade introduit dans l'essence de la matière un mouvement dont l'origine n'est pas matérielle : ce qui vient après la physique est au delà du physique.

Demander d'où vient l'énergie qui se dégrade, c'est se tourner vers la réalité qui dure et que le philosophe pense par analogie avec la conscience. Aux modèles mécanistes que l'intelligence impose à la science de la nature, la philosophie de la nature superpose les schèmes psychologiques qui traduisent l'existence. La dégradation de l'énergie rapporte la matière à l'élan vital : toutes les notions sont comme *mobilisées*, même celle d'immobilité ; l'inertie est une limite ; comme tout être, celui de la matière est devenir ; essence et genèse ne sont pas distinctes ; matière et maté-

1. *Ibidem*, p. 266 (702-703).

rialisation ne représentent pas deux moments : le second terme explicite sous le premier « l'idée d'une chose qui se défait ».

Ainsi, cette « chose qui se défait » de la physique n'est telle qu'à partir de cette « chose qui se fait » qu'est l'élan vital, image d'inspiration méta-biologique. C'est dire que la dégradation de l'énergie n'est pas la loi de toute existence et que l'existence même de la matière implique celle de son contraire.

Ce qui serait dialectique, si l'on peut employer ici ce mot, ce ne serait pas la pensée mais la nature. L'« évolution destructrice » est tout de même évolution et, par ce qui la fait exister, elle tient à l'« évolution créatrice ». La matière du physicien postule la vie de la psychobiologie en vertu d'un rapport inscrit dans l'être de l'une et de l'autre, de sorte que le jeu des contraires renvoie à une inversion qui divise la durée.

La perception de ce rapport requiert évidemment le point de vue du tout puisqu'il s'agit de l'existence. Or, ce point de vue est celui que Bergson impose à son lecteur dès le début de *L'Évolution créatrice*; là, il passe directement de l'existence donnée à la conscience à l'existence de l'univers pris dans sa totalité. Entre les deux, sans doute, il y a les découpures opérées par la science; mais ou bien on les regarde comme « des systèmes isolables qui se puissent traiter géométriquement », ce qui élimine la durée avec la considération de l'existence, ou bien : « Rien n'empêche, écrit-il, d'attribuer aux systèmes que la science isole une durée et, par là, une forme d'existence analogue à la nôtre, si on les réintègre dans le Tout. » Et il insiste : « Mais il faut les y réintégrer[1]. »

C'est dans cette perspective que Bergson situe sa critique comparative des deux lois générales de la physique, la conservation de l'énergie comme principe de la science et sa dégradation comme expression de la réalité. Essayons, dit-il, d'appliquer la première loi à notre système solaire pris comme une totalité : elle affirmera moins la permanence objective d'une certaine quantité d'énergie que la nécessité, pour chaque changement qui se produit, d'être balancé, ailleurs, par un changement compensateur : ainsi, elle nous renseigne sur le rapport d'une partie à une autre, non sur la nature du tout. Au contraire, visant ce qui se passe dans la durée des choses, la seconde loi concerne notre système solaire en tant qu'il est une totalité de choses qui durent, car chacune ne dure que par son appartenance au monde dont elle est un fragment, car chacune n'existe que de l'existence du monde dont elle est un morceau[2].

1. *Ibidem*, p. 12 (503).
2. Cf. *ibidem*, p. 263-264 (700-701).

Et ce monde lui-même n'existe et ne dure que par son appartenance à l'univers qui est une pluralité de mondes. « L'univers est un assemblage de systèmes solaires que nous avons tout lieu de croire analogues au nôtre[1]. » Or, Bergson l'a précisé dès le début de son livre, l'évolution dont il parlera concerne a « la durée immanente au tout de l'univers[2] ». Admettons alors que la dégradation transforme ici l'évolution en dissolution : « Avons-nous le droit d'étendre à l'univers entier des considérations tirées de l'état présent de notre système solaire ? A côté des mondes qui meurent, il y a sans doute des mondes qui naissent[3]. » Le jeu des contraires imposé par les faits apparaît à tous les niveaux de l'existence concrète. D'abord, au point de vue de l'univers : l'énergie qui se détruit dans un monde est celle même qui avait créé ce monde et que cette création n'a pas épuisée, et qui continue à en créer d'autres. En outre, à l'intérieur de notre monde, ne reste-t-il vraiment rien de l'élan originel ? Est-il uniquement une chose qui se défait ? L'énergie qui se dégrade est-elle la seule que l'on puisse observer ? De fait, les sciences biologiques et psychologiques empêchent de généraliser un principe découvert dans les sciences de la matière ; elles racontent une évolution qui avance d'invention en invention : elles disent positivement que, même sur notre petite terre, la création continue.

Ainsi, la réflexion métaphysique sur les principes de la physique moderne introduit dans le bergsonisme un moment que l'on peut appeler dialectique, mais à condition d'écarter toute idée d'un rythme à trois temps avec une thèse, une antithèse et une synthèse. Fixons clairement les conséquences de cette critique qui fonde une cosmologie accordée au principe de Carnot-Clausius :

1) S'il y a dialectique, elle est dialectique de la nature. Or, dans la nature, ce qui s'oppose à la dégradation de l'énergie, ce n'est pas sa conservation, mais sa puissance de création. Le principe de la conservation de l'énergie signifie une certaine façon de penser la matière pour l'utiliser. La dégradation de l'énergie exprime ce qui se passe réellement dans le monde : son contraire ne peut être que dans le fait qu'il se passe réellement autre chose.

2) Les mots « ce qui se passe » renvoient à une nature dont l'être même est changement et que, seule, une abstraction immobilise sous le regard de l'intelligence. Appliqué à des mouvements, « contraire » qualifie des

1. *Ibidem*, p. 262 (699) ; cf. p. 270 (706). Cf. *Deux sources*... p. 273 (1192). La distinction des idées d'univers et de monde est mise au point par Auguste Comte, *Cours de philosophie positive*, 5ᵉ éd., t. II, 19ᵉ leçon, p. 6-7 ; 21ᵉ leçon, p. 132-134.

2. *Ibidem*, p. 11 (503).

3. *Ibidem*, p. 268 (704), note sur le livre d'André Lalande, *La dissolution opposée à l'évolution*, Paris, 1899.

directions : la thèse et l'antithèse sont donc des énergies divergentes quant au sens de leur action : leur opposition s'appelle inversion.

3) Cette inversion exclut toute idée de synthèse. On ne voit pas ce que pourrait être une synthèse de deux mouvements qui s'écartent de leur point de départ commun. Thèse et antithèse coexistent pour définir la structure de l'être concret, celui-ci impliquant « une action qui se fait à travers une action du même genre qui se défait[1] ». La dégradation de l'énergie introduit ainsi dans le vrai évolutionisme une involution, de sorte que la réalité est toujours *mixte*, pour parler le langage de Platon.

4) S'il n'y a point de synthèse au delà de la thèse et de l'antithèse, c'est que la thèse pose un terme qui ne peut être dépassé. De là, son antériorité logique et sa primauté ontologique qui sont celles du tout par rapport aux parties, du plus-être par rapport au moins-être, de la durée par rapport à cette durée-inversée qui, à la limite, s'étalerait dans un temps sans histoire.

L'HISTOIRE DE LA VIE

Au commencement, il y a la vie, sans aucun plan ni avenir préformé ; ce n'est pas un germe qui se développe, mais une puissance qui invente. C'est pourquoi l'évolution ne dessine pas une ligne comparable à « la trajectoire unique d'un boulet plein lancé par un canon » : il faut plutôt penser « à un obus qui a tout de suite éclaté en fragments, lesquels, étant eux-mêmes des espèces d'obus, ont éclaté à leur tour en fragments destinés à éclater encore, et ainsi de suite pendant fort longtemps[2]. » Ceci parce qu'on ne saurait imaginer un élan qui est « continuelle création de formes[3] » comme le passage à l'acte d'une seule possibilité. La vie est tendance et, déclare Bergson, « l'essence d'une tendance » est de jaillir en « gerbe », de se lancer dans des « directions divergentes[4] ».

En gros, la vie paraît sollicitée dans deux sens opposés : il y aura et un mouvement vers le haut et un mouvement vers le bas. Il y aura donc de la vie qui continue à être élan, de la vie qui se développe comme puissance d'invention, de la vie qui avance de création en création : c'est là un épanouissement dans le sens de sa nature qui est de devenir de plus en plus consciente et de plus en plus libre. Il y aura aussi de la vie qui perd son élan, de la vie en qui s'exténue la puissance d'invention, de la vie qui, cessant

1. *Ibidem*, p. 272 (706) ; cf. p. 269 (705).
2. *Évolution créatrice*, p. 107 (578).
3. *Ibidem*, p. 94 (568).
4. *Ibidem*, p. 108 (579).

d'être créatrice, tombe en torpeur : celle-là trahit sa nature, elle s'assoupit en inconscience et se mécanise en déterminisme; la matière n'est que le dernier degré de l'existence dévitalisée avant ce passage à la limite qui serait son évanouissement.

On voit en quel sens on peut parler de « monisme[1] ». Il est vrai qu'à l'origine il y a un seul principe et que tout est vie plus ou moins vitalisée ou mieux vitalisant : mais cette vérité est la conséquence d'une abstraction qui, elle, est une erreur. Un principe qui est élan vital ne peut être posé à part du mouvement qui le fait élan et des créations qui le révèlent comme vie. Bergson ne le compare pas à un obus non éclaté puis qui éclaterait : « ...nous avons affaire ici à un obus qui a *tout de suite* éclaté...[2] ». Précision qui tient à la signification philosophique de l'image. On ne saurait concevoir un élan qui n'existerait pas en acte, c'est-à-dire en train de s'élancer, une vie qui ne serait pas en action, c'est-à-dire, en train de vivre. Il n'y a donc « monisme » que pour une intelligence qui immobilise dans une sorte de transcendance intemporelle un principe dont l'être même est mobilité, c'est-à-dire durée. Qu'on lui restitue cet être, il ne peut être pensé qu'à travers un schème dualiste : au moment où l'obus explose et où chaque fragment explose, il y a projection vers le haut et chute vers le bas. Et ce dualisme est radical : quoi de plus opposé que deux mouvements en sens inverse ?

Cette inversion introduit dans l'être une discontinuité qui ne contredit pas la continuité de sa durée. L'alternative « monisme ou dualisme » ne se pose pas plus que l'alternative « continu ou discontinu » ; la première n'est, d'ailleurs, qu'une variante de la seconde : ici et là, une nouvelle idée de la substance substitue « et » à « ou ». Quand tout est vie plus ou moins chargée de vitalité, il n'y a pas différence seulement de degré mais de nature entre ce « plus » et ce « moins », à partir de la divergence entre ce qui va dans le sens de l'élan et ce qui va à contresens, entre ce qui monte et ce qui descend, entre ce qui est épanouissement et ce qui est évanouissement.

Par le dualisme qui lui est consubstantiel, le monisme bergsonien exclut l'image d'une évolution où les différences de nature seraient représentées par les barreaux d'une échelle, le premier correspondant à la matière, le second à la vie, le troisième à l'esprit. Dans le bergsonisme la

1. Propos de Xavier Léon rapporté sous la date du 15 mai 1909 par I. Benrubi, *Souvenirs...*, p. 26 ; J. de Tonquedec, *infra*, p. 93 ; L. Laberthonniere : « Une sorte de monisme dynamiste... peut-être », art. *Immanence* dans *Vocabulaire de la philosophie...*, par A. Lalande ; Jacques Maritain, *La philosophie bergsonienne, Études critiques*, 2e éd. revue et corrigée, Paris, Rivière, 1930 : « Monisme original, monisme par jaillissement de modes sans cesse nouveaux... » (p. 242). M. T.-L. Penido, *Dieu dans le bergsonisme*, Paris, Desclée de Brouwer, 1934, p. 58 : « Monisme qualificatif et dynamique ».

2. *Évolution créatrice*, p. 107 (578).

matière ne peut être première en aucune façon : on ne saurait donc parler de « matière originelle », comme dans la cosmogénèse du P. Teilhard de Chardin[1]. Avec l'auteur du *Phénomène humain*, Bergson croit à « l'unité fondamentale du monde[2] » et il dirait volontiers : « Tout au fond, *en quelque manière*, il ne doit y avoir, jouant dans le Monde, qu'une énergie unique » ; il écrirait encore : « *par quelque chose*, Énergie matérielle et Énergie spirituelle se tiennent » ; il n'ajouterait pourtant pas : « et se prolongent[3] ». Le « dedans des choses » n'est pas une « prévie » et il n'y a dans sa philosophie de la nature aucune « Terre juvénile » dans laquelle l'« Arbre de la vie » plongerait ses racines. Pour Teilhard de Chardin, le mot-clé est convergence ; pour Bergson, divergence[4]. Matérialité et spiritualité apparaissent dans *L'Évolution créatrice* aux extrémités de deux lignes qui partent du même point et s'en éloignent suivant des directions opposées.

On comprend pourquoi Bergson ne croyait guère au monisme bergsonien. A ses yeux, il n'y avait ici d'autre difficulté que celle qu'éprouve notre intelligence à penser le mouvant. S'il y a un principe unique et immanent pour les esprits, les organismes et la matière, une représentation statique du monde ne peut être que moniste, que ce monisme soit spiritualiste ou matérialiste. Mais quand ce principe est cette énergie psycho-biologique dont parle Bergson, le dualisme surgit dans son dynamisme même et il apparaît irréductible, une fois conçu, imaginé, senti comme la divergence de deux mouvements qui s'écartent de plus en plus l'un de l'autre. On reprendra donc la juste formule de Vladimir Jankélévitch : « Le bergsonisme nous apparaît comme un *monisme* de la substance, un *dualisme* de la tendance[5] » ; mais en précisant : dans le bergsonisme la substance *est* tendance[6], de sorte que des « tendances antagonistes » définissent des êtres qui ressemblent fort à des substances irréductibles.

Au sein de l'existence mouvante, il y a donc dualité ; or, les tendances étant antagonistes, cette dualité est duel. Ce qui dans l'être tend vers une intensification de la puissance créatrice est contrarié par ce qui tend vers sa

1. *Le phénomène humain*, Paris, Éditions du Seuil, 1955, p. 53.

2. *Ibidem*, p. 52.

3. *Ibidem*, p. 60, mots soulignés dans le texte.

4. Cf. *ibidem*, Table, p. 17-18 ; *Le groupe zoologique humain*, Albin Michel, 1956, 2e partie. Sur l'importante question des rapports entre les deux penseurs, voir notamment Madeleine Barthelemy-Madaule, *Introduction à la méthode chez Bergson et Teilhard de Chardin*, dans *Bergson et nous*, 1959 et 1960 ; *Introduction à un rapprochement entre Henri Bergson et Pierre Teilhard de Chardin*, dans *Les études bergsoniennes*, P.U.F., 1960.

5. *Bergson*, 1re éd., p. 244 ; 2e éd. p. 174 et p. 196.

6. Cf. *Évolution créatrice*, p. 14 (505) ; *Introduction à la métaphysique*, dans *La pensée et le mouvant*, p. 238-239 (1420).

dégradation. L'histoire naturelle est celle d'une vie qui lutte pour se réaliser comme conscience et comme liberté à travers et contre une matérialité qui pèse de toute son inertie sur elle. Ce sont les grandes lignes de cette histoire qu'esquisse *L'Évolution créatrice* dans la mesure où la science le permet à son auteur.

Nul n'a plus que Bergson le sentiment que la nature n'a pas *planifié* son histoire : « L'évolution n'est pas seulement un mouvement en avant; dans beaucoup de cas on observe un piétinement sur place, et plus souvent encore une déviation ou un retour en arrière » : on peut même parler de « désharmonie », de « désordre » et d'« incohérence [1] » ; mais ceci n'atténue pas le sens de la formule signifiant que l'évolution est aussi « mouvement en avant », si nombreux que soient les faits de stagnation ou de régression. La nature, certes, n'exécute pas un plan, elle n'est pas gouvernée par une intelligence qui finalise ses démarches : ceci dit, elle devient ce qu'elle est; puissance d'invention, conscience sous pression, liberté en travail de libération, l'élan vital est, si l'on ose dire, tendu vers son être : dans la mesure où il le réalise, l'histoire naturelle dessine un progrès.

L'histoire des espèces végétales et animales marque les divers degrés de la victoire de la vie pour se réaliser. On voit les organismes se compliquer et mettre à la disposition de la puissance créatrice des instruments de plus en plus perfectionnés pour agir sur le monde. Et puisque Bergson reprend une image platonicienne pour traduire une pensée qui ne l'est guère, disons que plus sa complexité fait du corps une « machine à agir » propre à rendre des services plus variés en multipliant les possibilités de choix, moins ce corps est une prison [2].

Avec son cerveau et son système nerveux aux ramifications étendues, le corps de l'homme représente le chef-d'œuvre de la vie, chef-d'œuvre tel que la vie n'a plus cherché à faire mieux. L'humanité occupe donc dans l'histoire naturelle une place privilégiée : elle semble être le terme de l'évolution puisque la création des espèces cesse avec elle. Que signifie cette situation extra-ordinaire ?

Pour bien comprendre ici la pensée de Bergson, il faut revenir à l'image de la gerbe vue dans sa dimension métaphysique. L'élan vital ne décrit pas une trajectoire unique le long de laquelle les espèces végétales et animales se succéderaient, la continuité de la ligne marquant bien qu'entre elles les différences sont de degré. L'évolution, telle que Bergson la décrit, se poursuit dans plusieurs directions à la fois et, dans chacune de ces

1. *Ibidem*, p. 113-114 (583-584) ; cf. p. 276-277 (711).

2. *Ibidem*, p. 274 (709) ; Bergson lui-même emploie l'image platonicienne du corps-prison, *ibidem*, p. 286 (719).

directions, elle s'avance plus ou moins loin : en gros, le végétal s'endort dans l'immobilité comme s'il renonçait à la conscience ; l'animal, s'éveillant de plus en plus, marche à la conquête d'un système nerveux et d'appareils locomoteurs ; l'homme dans la série des vertébrés ajoute l'intelligence à l'instinct[1]. « Torpeur végétative, instinct et intelligence, voilà donc enfin les éléments qui coïncidaient dans l'impulsion vitale commune aux plantes et aux animaux, et qui, au cours d'un développement où ils se manifestèrent dans les formes les plus imprévues, se dissocièrent par le seul fait de leur croissance[2]. » L'élan originel est unique, mais il s'élance sur des voies divergentes. De là ce texte que Bergson a lui-même souligné : « *L'erreur capitale, celle qui, se transmettant depuis Aristote, a vicié presque toutes les philosophies de la nature, est de voir dans la vie végétative, dans la vie instinctive et dans la vie raisonnable trois degrés successifs d'une même tendance qui se développe, alors que ce sont trois directions divergentes d'une activité qui s'est scindée en grandissant*[3] ».

Bergson ajoute : « La différence entre elles n'est pas une différence d'intensité, ni plus généralement de degré, mais de nature. » Qu'est-ce qui crée donc pareille différence de nature entre l'animal humain et les autres ?

La vie est créatrice, créatrice de formes vivantes et, de ce fait, viables[4] ; elle opère sur une matière rebelle et chaque réussite s'achève en échec. A peine la vie crée-t-elle une forme que celle-ci se fixe et se fige ; au règne de l'invention succède celui de la répétition : la conscience s'éteint, la liberté de choisir est comme morte d'inanition, cet insecte refait ce que les insectes de son espèce ont toujours fait et les individus qui sortiront de lui ne feront jamais autre chose. C'est pourquoi, à chaque moment de l'évolution, si la vie veut encore être créatrice, ce sera en dehors des espèces où elle est désormais prisonnière de sa forme, ce sera en créant une nouvelle espèce où, d'ailleurs, elle retombe immédiatement au niveau d'une activité réglementée et par suite rudimentaire… Ainsi, la vie continue par-delà les vivants qui l'immobilisent dans leurs structures et leurs automatismes.

Avec l'homme, tout change. Ici, la conscience immanente à la vie n'est pas limitée aux lueurs plus ou moins vives qui orientent les réactions des animaux les mieux doués aux excitations du milieu. Elle est devenue pensée de la matière, et c'est cette faculté de penser la matière que Bergson appelle intelligence. Or, comprendre, c'est prendre. Lorsque l'homme a su penser la matière, il a su l'asservir pour s'en servir ; l'intelligence guidant la

1. *Ibidem*, p. 141-144 (604-608).
2. *Ibidem*, p. 146 (609).
3. *Ibidem*, p. 146-147 (609) ; cf. p. 189 (643).
4. *Ibidem*, p. 140 (604).

main, il apparaît, selon le mot de Descartes, comme « maître et possesseur de la nature ». Il y a là, dans l'histoire de cette nature, une sorte de retournement : l'existence animale est toujours dans la dépendance du monde des choses ; la volonté humaine subordonne le monde des choses à ses fins. Pareil affranchissement est celui de la vie créatrice ; il signifie la fin de la résistance qui dans chaque espèce arrêtait l'élan, refoulait la conscience, stoppait ou limitait étroitement la liberté de choix. En l'homme, la forme ne condamne plus la vie à vivoter dans la routine d'automatismes souverains : la structure n'est plus que substructure. Pour continuer sa course et rester puissance d'invention, l'élan vital n'a donc pas à contourner cette nouvelle espèce afin d'aller plus loin en créer une autre : il poursuit son œuvre à l'intérieur de l'humanité.

On comprend que Bergson insiste sur la différence de nature entre l'humanité et l'animalité. Mais c'est là une de ces différences sensibles seulement à une pensée qui coïncide avec le mouvant.

Certes, elle est biologiquement fondée sur la complexité du cerveau humain et, en le comparant à celui du singe sur des planches d'anatomie, on serait tenté de voir une différence de degré entre le plus et le moins complexe. Observons maintenant ces organes vivant leur vie dans les organismes où leur fonction représente une victoire de la nature. « Comment n'être pas frappé du fait que l'homme est capable d'apprendre n'importe quel exercice, de fabriquer n'importe quel objet, enfin d'acquérir n'importe quelle habitude motrice, alors que la faculté de combiner des mouvements nouveaux est strictement limitée chez l'animal le mieux doué, même chez le singe ? La caractéristique cérébrale de l'homme est là. Le cerveau humain est fait, comme tout cerveau, pour monter des mécanismes moteurs et pour nous laisser choisir parmi eux, à un instant quelconque, celui que nous mettrons en mouvement par un jeu de déclic. Mais il diffère des autres cerveaux en ce que le nombre des mécanismes qu'il peut monter, et par conséquent le nombre des déclics entre lesquels il donne le choix, est indéfini[1]. » C'est pourquoi, au niveau même de la biologie, Bergson conclut : « Ce n'est pas une différence de degré, mais de nature » ; et il justifie cette conclusion en introduisant l'image qui passera au premier plan dans *Les deux sources* ; car, dit-il, « du limité à l'illimité, il y a toute la distance du fermé à l'ouvert[2] ».

« Différence de nature et non pas seulement de degré », la formule s'imposerait encore plus évidemment, si c'était possible, quand on considère la « supériorité interne » dont la complexité du cerveau humain est le

1. *Ibidem*, p. 285-286 (718).
2. *Ibidem*, p. 286 (718) ; cf. p, 146-147 (609), p. 189 (643).

signe[1]. « Radicale est la différence entre la conscience de l'animal, même le plus intelligent, et la conscience humaine. Car la conscience correspond exactement à la puissance de choix dont l'être vivant dispose... : conscience est synonyme d'invention et de liberté. Or, chez l'animal, l'invention n'est jamais qu'une variation sur le thème de la routine. Enfermé dans les habitudes de l'espèce, il arrive sans doute à les élargir par son initiative individuelle, mais il n'échappe à l'automatisme que pour un instant, juste le temps de créer un automatisme nouveau : les portes de sa prison se referment aussitôt ouvertes : en tirant sur sa chaîne, il ne réussit qu'à l'allonger. Avec l'homme, la conscience brise la chaîne. Chez l'homme, et chez l'homme seulement, elle se libère[2] ».

Passage du choix limité au choix indéfini, d'un régime de liberté restreinte à une libération, image du fermé et de l'ouvert, de la chaîne tendue et de la chaîne brisée, il y a là un événement qui est bien un avènement : avec l'humanité, une ère nouvelle commence dans ce que Bergson lui-même appelle l'« histoire de la vie » : « Toute l'histoire de la vie, jusque-là, avait été celle d'un effort de la conscience pour soulever la matière, et d'un écrasement plus ou moins complet de la conscience par la matière qui retombait sur elle »; « jusque-là », car avec l'homme non seulement la conscience n'est plus captive des mécanismes qu'elle a montés, mais elle transforme ces mécanismes en machines dont elle a le contrôle et, par suite, en « instruments de liberté[3] ». Toute la philosophie bergsonienne de l'histoire cosmique et humaine s'éclaire dans la fameuse métaphore : « Si, au bout du large tremplin sur lequel la vie avait pris son élan, tous les autres sont descendus, trouvant la corde tendue trop haute, l'homme seul a sauté l'obstacle[4] ».

« Le succès unique, exceptionnel, que la vie a remporté à un moment donné de son évolution[5] » change le style de cette évolution qui ne sera plus désormais créatrice d'espèces. C'est bien cela que signifient les pages où, sans atténuer sa critique de la finalité et même en tenant à la rappeler, Bergson introduit dans sa philosophie de l'histoire cosmique et humaine une sorte de finalisation rétrospective : tout se passe comme si l'homme était « la raison d'être de l'organisation entière de la vie sur notre planète[6] ». Les deux sens du mot « fin » se mêlent ici parce que la création

1. *Ibidem*, p. 287 (720).

2. *Ibidem*, p. 286 (718-719); cf. *Énergie spirituelle* p. 21 (830).

3. *Ibidem*, p. 286 (719).

4. *Ibidem*, p. 287 (720). L'image du « saut brusque » se trouve p. 201 (682); *Énergie spirituelle*, p. 21 (830).

5. *Ibidem*.

6. *Évolution créatrice*, p. 201 (652), p. 288-289 (720-721); *Deux sources...*, p. 274 (1192); *La pensée et le mouvant*, p. 73 (1301).

des espèces finit avec la nôtre. Quand on regarde l'élan vital cheminant à travers les végétaux et les animaux, multipliant les formes qui stérilisent sa puissance d'inventer, puis arrivant à cette humanité où, enfin, il sauve sa liberté, ne dirait-on pas que cet immense courant d'énergie tendait vers cette espèce comme vers son but? Mais précisément parce qu'elle est la dernière.

Cet anthropocentisme rétrospectif apparaîtra encore plus justifié si l'on songe qu'avec l'humanité quelque chose finit parce qu'autre chose commence. L'élan décisif qui permit à l'homme de sauter l'obstacle, c'est l'élan vital. « L'homme continue donc indéfiniment le mouvement vital[1]... » Comment? Voilà ce qu'il restait à dire après *L'Évolution créatrice*.

L'ANIMAL RAISONNABLE

Si l'humanité est l'espèce suprême, ce n'est nullement parce que l'élan vital est épuisé, mais parce qu'il trouve en elle le théâtre de ses futures créations. Autrement dit: il n'y a plus à inventer d'autres espèces, parce qu'avec l'humanité la forme spécifique ne stérilise plus la puissance créatrice dans les individus. Ce qui est au sommet de l'évolution, ce n'est donc pas l'humanité en tant que forme spécifique mais, à l'intérieur de l'humanité, les individus en qui et par qui l'élan vital continue à manifester son exigence de création.

« L'argument essentiel que je dirige contre le mécanisme en biologie, écrivait Bergson à Höffding, est qu'il n'explique pas comment la vie déroule une *histoire*, c'est-à-dire une succession où il n'y a pas de répétition, où tout moment est *unique* et porte en lui la représentation de tout le passé[2]... » Texte très précis, où Bergson définit l'historicité de l'existence par la présence d'actes de création et montre cette historicité comme détendue dans la répétition. La création d'une espèce végétale ou animale est donc historique : mais la suite des individus qui se succèdent en elle le long des siècles ne constitue pas une histoire. Au contraire, l'espèce humaine a une histoire ou plutôt est une histoire, puisque les individus sont capables d'actes de création.

Ainsi, l'épopée de l'évolution créatrice n'est pas terminée avec le livre publié sous ce titre. Après la création d'espèces sans histoire, il y a l'histoire de l'espèce des créateurs. Si radicale que soit la discontinuité

1. *Ibidem*, p. 288 (720-721).
2. A. Höffding, *ouv. cit.*, Appendice, p. 162; *Mélanges*, p. 1149.

entre l'animalité et l'humanité, c'est l'« histoire de la vie » qui continue : la même vie dans une autre histoire. Par suite, l'élan vital n'a pas seulement ce que nous appelons une histoire naturelle ; il a aussi une histoire humaine. L'auteur de *L'Évolution créatrice*, pour tenir la promesse de son titre, doit encore, dans le prolongement de sa cosmologie, déchiffrer l'histoire de l'humanité comme histoire de l'élan vital.

Dans cette perspective, pour écrire la suite de *L'Évolution créatrice*, Bergson doit savoir quelles sont les activités humaines où se manifeste la puissance créatrice de la vie et surtout quelle est celle où cette puissance est le plus puissamment créatrice.

La question se pose, bien entendu, à partir de l'homme tel qu'il apparaît à un certain moment de l'évolution et avec les caractères spécifiques qui le distinguent de ses prédécesseurs. « La conscience chez l'homme est surtout intelligence[1] » ceci est une donnée de l'histoire naturelle. En suivant la vie créatrice aux prises avec la matière, on la voit ne l'emporter définitivement qu'avec l'animal en qui le monde devient représentation : pour utiliser les choses, il faut d'abord s'en faire une idée qui les rende utilisables et qui commence par les découper dans des masses sensibles où tout se tient. Glissant la quantité sous la qualité, étalant la durée dans l'espace, refoulant un passé sans usage immédiat et apprivoisant l'avenir par la prévision, traduisant le réel en concepts et les concepts en mots, l'intelligence déploie le monde dans une image où se dessinent nos possibilités d'action sur lui. Sa réussite est celle d'opérations qui impliquent toujours une sorte de redoublement, cette sorte de redoublement étant ce qui la distingue de la conscience animale. D'abord, elle est faculté de penser les rapports, mais en les décollant des objets concrets pour les projeter, formes vides et disponibles, dans l'espace homogène de la géométrie : par là, elle instaure la science. L'efficacité de ce savoir, en outre, se manifeste immédiatement dans la fabrication d'outils, mais le redoublement qui signifie la présence de l'intelligence apparaît dans le fait qu'il s'agit d'outils à fabriquer des outils[2].

Ainsi, l'auteur de *L'Évolution créatrice* reprend, à sa façon, le thème aristotélicien de l'« homme, animal raisonnable ». C'est bien parce qu'il est raisonnable que l'homme n'est pas un animal comme les autres. Mais l'intelligence qui, aujourd'hui comme hier, tient à l'essence de notre être est maintenant rapportée à l'*homo faber* et non plus à l'*homo sapiens*, ou mieux à un *homo* qui est *sapiens* en tant que *faber*.

1. *Évolution créatrice*, p. 289 (721).
2. Cf. *ibidem*, chap. II, p. 149 *sq.* (611 *sq.*).

La raison a donc une vocation biologique; c'est la vie devenant intelligente pour vivre et mieux vivre : « La fonction essentielle de l'intelligence sera de démêler, dans des circonstances quelconques, le moyen de se tirer d'affaire[1]. » Et pourtant, ce parfait débrouillard qu'est l'homme de la philosophie bergsonienne est aussi le sage de la philosophie antique qui aime et cherche la vérité pour sa splendeur; mais, dans le platonisme et l'aristotélisme, la connaissance rationnelle est désintéressée par nature : dans le bergsonisme, elle le devient.

Ici, encore, tout tient à l'idée que l'on se fait de l'être : la théorie de la connaissance n'est qu'une conséquence de l'ontologie. Qu'ils soient séparés du sensible ou enfouis dans le sensible, il y a, pour les Anciens, des êtres intelligibles : leur connaissance n'est alors possible qu'avec une intelligence disposée de façon à les percevoir là où ils sont; ce qu'expriment des doctrines où l'« entendement serait tombé du ciel avec sa forme[2] ». Or, pour Bergson, cette forme est bien celle que le platonisme et l'aristotélisme ont décrite, mais, loin d'évoquer un ange déchu qui se souviendrait des cieux, elle rappelle le dur labeur de l'homme sur la terre. En effet, s'il n'existe pas d'êtres intelligibles, nul besoin d'une intelligence aménagée pour les saisir; si pourtant notre intelligence a l'air de saisir des intelligibles, c'est qu'elle les fabrique pour une autre fin que le plaisir de les contempler. Coupée des Idées, la raison se retrouve au niveau des besoins.

Ceci admis sans restriction ni atténuation, il faut ajouter : quelle que soit la finalité originelle d'une forme, sa nature de forme est d'être détachée de tout contenu. De là, le paradoxe de l'intelligence dans l'homme : percevoir des rapports, c'est s'élever au-dessus des supports; substituer des concepts aux choses, c'est s'en affranchir et, du même coup, ne plus penser à leur utilisation; née pour guider l'action, l'intelligence, par son exercice même, est amenée à oublier sa vocation. « Une forme, justement parce qu'elle est vide, peut être remplie tour à tour, à volonté, par un nombre indéfini de choses, *même par celles qui ne servent à rien*. De sorte qu'*une connaissance formelle ne se limite pas à ce qui est pratiquement utile*, encore que ce soit en vue de l'utilité pratique qu'elle a fait son apparition dans le monde. » Texte qui définit une véritable conversion de l'intelligence et que concluent ces mots à longue portée : « Un être intelligent porte en soi de quoi se dépasser lui-même[3]. »

Mais c'est un dépassement vers des questions que l'intelligence pose sans être capable de les résoudre. Son caractère purement formel la détache

1. *Ibidem*, p. 163 (622).
2. *Ibidem*, p. 165 (623-624).
3. *Ibidem*, p. 164 (623) ; mots soulignés par nous.

du monde des choses où il faut penser pour agir, comprendre pour prendre, analyser pour utiliser : le philosophe retrouve donc en elle l'intelligence désintéressée des Anciens. Toutefois, la tentation de la contemplation lui vient au moment où il n'y a plus rien à contempler; ses points d'interrogation demeurent suspendus dans le vide qui a permis leur apparition; loin des êtres concrets qui sollicitent son action, l'esprit peut enfin se soucier de l'être, mais avec des concepts et des mots qui visent un être abstrait, *déréalisé*.

L'ontologie bergsonienne n'a nullement aboli l'idéal contemplatif : elle a changé la nature du contemplé. A l'être dont l'intelligibilité illumine l'intelligence, elle a substitué l'être dont la durée paraît obscure à l'intelligence. La théorie bergsonienne de la connaissance n'a pas davantage méconnu le désir de contemplation inscrit dans l'intelligence : elle constate que ce désir est contraire à sa vocation. Dans cette perspective, il y a bien encore contemplation mais de la durée : c'est là le fait de l'intuition, non de l'intellection. Toutefois, pour recourir à l'intuition il faut éprouver le désir de contempler et celui-ci surgit dans une intelligence affranchie de l'utilitarisme originel. « Il y a des choses que l'intelligence seule peut chercher, écrit Bergson. Seule, en effet, elle s'inquiète de théorie. Et sa théorie voudrait tout embrasser, non seulement la matière brute, sur laquelle elle a naturellement prise, mais encore la vie et la pensée [1]. » Malheureusement, ces choses que, seule, elle peut chercher, l'intelligence ne les trouvera jamais. La critique de la raison pratique dans son usage théorique consiste à transformer son désintéressement en dépassement : la lucidité de l'entendement désabusé est la condition nécessaire de l'intuition.

Voilà l'homme.

Du point de vue bergsonien, il n'y a là pour la raison aucune déchéance. C'est l'*homo faber* qui a sauté l'obstacle, c'est sa main intelligente qui a brisé la chaîne; la création de nouvelles espèces est devenue inutile quand une représentation intellectuelle de la matière l'a rendue taillable et corvéable à merci. La vocation technicienne et polytechnicienne fait donc la grandeur de l'homme dans le bergsonisme et sa primauté est celle de l'animal raisonnable, comme dans les philosophies occidentales d'inspiration platonicienne ou aristotélicienne. Cette vocation, toutefois, fait apparaître cette grandeur dans une fonction qui n'est plus liée à la présence d'intelligibles mais à l'exigence de l'élan vital. L'intelligence introduit une différence de nature entre l'humanité et l'animalité, parce que la maîtrise du monde assure la libération de la puissance créatrice.

1. *Ibidem*, p. 173 (630); cf. p. 164 (623).

Le bergsonisme marque ici un moment décisif dans l'histoire de l'idée que l'homme se fait de l'homme. Les philosophies occidentales sont restées plus ou moins fidèles à la leçon du platonisme et de l'aristotélisme : l'esprit se définit par l'intelligence, et l'intelligence par la contemplation de l'intelligible ; l'amour même n'est le plus souvent que le désir d'une Beauté qui plaît à la raison ; et quand le Bien est situé si haut qu'il échappe à l'intelligence la plus intuitive, c'est parce qu'il est source de l'intelligibilité. De là, le privilège métaphorique de la lumière, lumière qui éclaire et lumière qui éblouit, lumière qui apaise et lumière qui échauffe. Avec le bergsonisme s'exprime la nouvelle conscience que l'esprit prend de sa spiritualité et qui sera sans doute un des traits originaux de la philosophie au XXe siècle : il se définit comme puissance créatrice ; son œuvre propre est dans l'acte d'inventer et il la reconnaît même dans la recherche de la vérité : découvrir celle-ci, ce n'est certes pas l'inventer, mais il fallait l'inventer comme hypothèse pour imaginer les moyens de la vérifier et enfin la découvrir comme vérité. La vie morale elle-même est affaire d'invention : elle est beaucoup plus que connaissance du bien ou soumission au devoir : il y a en elle création et recréation de sentiments ; l'éthique présuppose, comme la poétique, des inspirés.

Ainsi, ce qui fait que l'homme est homme, c'est qu'il est l'être par lequel un monde s'ajoute au monde. Le monde des choses qui existent par son génie. Outils et machines, œuvres de l'art et du bon vouloir, rien, sans doute, ne peut être conçu ni exécuté sans l'intelligence ; mais celle-ci n'est réellement intelligente qu'au service d'une inspiration qui est à la fois nature et grâce.

Au moment où le philosophe passe de l'histoire naturelle à l'histoire humaine pour suivre les progrès de l'élan créateur, il ne faudrait pas croire qu'il cherche le génie de l'espèce. C'est l'intelligence qui définit la forme spécifique : l'humanité est l'espèce intelligente ; c'est là ce qui la distingue, comme espèce, des autres espèces. L'animal raisonnable n'est donc pas un animal comme les autres : il constitue pourtant une espèce animale. Or, il y a beaucoup plus dans le texte dont nous avons déjà souligné l'importance : « Un être intelligent porte en lui de quoi se dépasser lui-même [1]. »

L'« être intelligent », voilà qui définit l'espèce ; il « porte en lui » – c'est-à-dire dans l'intelligence qui le définit comme espèce – » de quoi se dépasser lui-même », c'est-à-dire : de quoi se dépasser dans ce qui le définit comme espèce intelligente. Ainsi, par la raison, l'animal raisonnable dépasse les autres animaux : mais cette raison est la condition d'un autre dépassement par lequel il s'élève au-dessus de l'animal raisonnable.

1. *Ibidem*, p. 164 ; voir *supra*, p. 79.

Pareil dépassement ne se réalise que dans les individus, et ceci par cette grâce naturelle d'invention qui les transforme en personnes.

On voit jusqu'où va la différence de nature entre l'homme et ses prédécesseurs dans l'histoire de la vie : non seulement l'espèce humaine n'est pas une espèce comme les autres, mais elle tend à ne plus être une espèce. L'intelligense a donc dans l'humanité un double effet : elle la définit comme espèce distincte des autres et, en même temps, elle la « délivre de la nécessité d'être une espèce », car, « qui dit espèce dit stationnement collectif et l'existence complète est mobilité dans l'individualité [1] ». L'individu humain, seul, jouit de cette possibilité d'une « existence complète » : par cette « mobilité » qui est en lui, il s'affranchit de l'espèce et, du même coup, il affranchit l'espèce.

Cette « mobilité » est l'élan créateur dont l'individu est maintenant l'organe : c'est dire qu'une exigence de dépassement est inscrite dans la personne puisque la puissance de dépassement agit en elle et par elle. C'est pourquoi, l'auteur de *L'Évolution créatrice* exprime sa vision rétrospectivement finaliste du monde avec une imprécision trop voulue pour ne pas représenter une importante précision : « *Tout se passe comme si un être indécis et flou, qu'on pourra appeler comme on voudra*, homme, *ou* surhomme, *avait cherché à se réaliser*... [2] » L'humanité en tant qu'espèce, n'a rien d'indécis ni de flou : l'animal pourvu d'intelligence et capable d'intuition remplit une notion claire et parfaitement distincte qui le situe exactement dans la hiérarchie des vivants. Mais si cette espèce est celle ou les individus jouissent d'une vie propre et sont sans cesse soulevés au-dessus d'eux-mêmes par une puissance insatiablement créatrice, il faut bien admettre que le sur-humain est inscrit dans l'humain et fait de la personne un « être indécis et flou » au niveau de *L'Évolution créatrice*.

1. *Ibidem*, p. 289 (721).
2. *Ibidem*, p. 289 (721).

CHAPITRE IV

LE SURHOMME

UNE PHILOSOPHIE DE LA CRÉATION

Une philosophie n'est jamais comparable à une chaîne de théorèmes, même si son auteur l'a souhaitée telle. Quand Descartes écrit : « Je n'ai jamais traité de l'infini que pour m'y soumettre » ; ou quand Spinoza déclare : *Sentimus experimurque nos aeternos esse*, il s'agit de bien autre chose que d'intelligibilité mathématique[1]. Dans toute doctrine, même la plus volontairement systématique, il y a un moment où surgissent certains mots qui seraient vides de signification sans référence à une expérience vécue. C'est pourquoi, quand l'historien d'une philosophie se tourne vers le philosophe, ce n'est pas pour céder à une curiosité d'amateur d'âmes, mais pour aller jusqu'au bout dans l'intelligence de cette philosophie. Si un philosophe, en tant que philosophe, nous parle d'inquiétude ou d'angoisse, il n'est en aucune façon indiscret de lui demander quelle inquiétude ou quelle angoisse il a éprouvée : le sens de ces mots sous sa plume ne se trouve dans aucun dictionnaire, mais dans sa mémoire.

Toute philosophie sérieuse a une dimension biographique.

La métaphysique de Bergson se présente comme « positive », le substantif ne devant ni altérer ni atténuer la résonance scientifique de l'adjectif : c'est pourquoi le philosophe s'efface derrière la philosophie, comme, à la limite, le physicien derrière la physique ou le biologiste derrière la biologie. La discrétion, ici, n'est pas seulement une qualité de l'homme : elle exprime l'idée que le philosophe se fait de la philosophie ;

1. *A Mersenne*, 28 janvier 1641 ; *Éthique*, V, Proposition XXIII, Scholie. Sur ce problème, cf. Henri Gouhier, *L'Histoire et sa philosophie*, 1952, chap. IV, I.

c'est cette idée qui exclut les confidences dans l'exposé des résultats acquis et, à plus forte raison, dans l'attente des résultats douteux. Il y a donc une pensée personnelle d'Henri Bergson qui déborde le bergsonisme et qui ne saurait expliquer le bergsonisme. Mais quand le bergsonisme élabore une métaphysique de la joie, quand le bergsonisme rencontre le Christ du Sermon sur la Montagne, quand le bergsonisme met une majuscule à l'Amour créateur, il ne s'agit pas d'un jeu d'esprit, mais d'Henri Bergson qui engage sa vie dans sa pensée et sa pensée dans sa vie.

Il nous faut bien alors demander d'où est partie cette pensée et où cette vie est arrivée.

La famille était israélite. Quand les parents quittèrent Paris pour Londres en 1870, pendant plusieurs années, jusqu'à son entrée à l'École normale supérieure, l'enfant prit pension à l'Institution israélite Springer tout en suivant les cours du lycée Condorcet[1]. Nous ne savons pas ce qu'une première éducation religieuse avait laissé dans l'esprit du brillant mathématicien qui, en 1878 arrivait rue d'Ulm pour préparer l'agrégation de philosophie. Ce qui paraît probable, c'est que, s'ils n'étaient pas complètement effacés, les souvenirs le rattachant à la foi des ancêtres demeuraient hors du plan où sa pensée se cherchait. C'est dans cette perspective qu'il convient de comprendre l'anecdote racontée par son camarade René Doumic: Bergson était aide-bibliothécaire; or, un jour, apercevant des livres par terre, un professeur lui dit: « Monsieur Bergson, voyez ces livres qui traînent à terre. Votre âme de bibliothécaire doit en souffrir »; alors les camarades présents de s'écrier: « Il n'a pas d'âme[2] ! » Ce matérialisme que lui attribuait la voix publique, toujours grossissant, surtout rue d'Ulm, ce matérialisme était sans doute autre chose qu'une des doctrines rangées sous cette étiquette. Tandis que ses camarades étudient Kant et les post-kantiens, Bergson s'intéresse aux sciences expérimentales et lit Spencer; à travers ses souvenirs de cette époque, on devine qu'il était surtout en état de méfiance devant toute métaphysique[3]; si les métaphysiques spiritualistes sous-jacentes aux leçons de Boutroux et d'Ollé-Laprune ne l'attirent pas, c'est probablement parce qu'elles sont des métaphysiques et non parce qu'elles sont spiritualistes.

1. Sur sa famille et sa jeunesse, voir R.-M. Mossé-Bastide, *Bergson éducateur*, chap. I; sur son éducation religieuse, ce qu'il dit à Jacques Chevalier, *Entretiens*..., p. 282.

2. *Discours de réception à l'Académie francaise*, cité par Chevalier, dans *Bergson*, Paris, Plon, 1926, p. 45; Mossé-Bastide, *ouv. cit.*, p. 24. A rapprocher des souvenirs de Mgr Baudrillart, son camarade d'école, rapportés par J. Guitton, *La vocation de Bergson*, p. 62.

3. Voir par exemple: Charles Du Bos, *Journal*, p. 63-64; Jean La Harpe, *Souvenirs personnels* dans *H. Bergson*, Cahiers du Rhône, p. 358-359; Isaac Benrubi, *Entretien avec Bergson*, *ibidem*, p. 369.

Tel semble avoir été le point de départ. Nous connaissons mieux le point d'arrivée dans sa philosophie et dans sa vie. Dans sa philosophie, c'est le spiritualisme des *Deux sources*, en 1932, avec l'affirmation d'un Dieu créateur et l'idée que le Christ des Évangiles en fut la plus parfaite incarnation. Dans sa vie, c'est l'adhésion morale à l'Église catholique, telle qu'elle a été définie dans le testament du 8 février 1937. « Mes réflexions m'ont amené, de plus en plus près du catholicisme, où je vois l'achèvement complet du judaïsme. Je me serais converti, si je n'avais vu se préparer depuis des années… la formidable vague d'antisémitisme qui va déferler sur le monde. J'ai voulu rester parmi ceux qui seront demain des persécutés. Mais j'espère qu'un prêtre catholique voudra bien, si le Cardinal-Archevêque de Paris l'y autorise, venir dire des prières à mes obsèques. Au cas où cette autorisation ne serait pas accordée, il faudrait s'adresser à un rabbin, mais sans lui cacher, et sans cacher à personne, mon adhésion morale au catholicisme, ainsi que le désir exprimé par moi d'avoir les prières d'un prêtre catholique[1]. »

Que s'est-il passé ?

Allons droit à ce qui fait l'originalité du bergsonisme dans l'histoire des rapports de la philosophie avec la pensée judéo-chrétienne.

L'origine religieuse de l'idée de création ne paraît guère douteuse; probablement doit-elle être rapportée à une invention ou une inspiration de l'esprit juif. Son histoire dans la pensée chrétienne serait alors celle d'une rationalisation et d'une laïcisation progressives : ce travail paraît achevé quand saint Thomas distingue la création dans le temps avec l'idée d'un premier commencement, vérité qui reste de foi, et la création comme affirmation métaphysique d'une dépendance dans l'existence. De fait, au XVIIe siècle, quand Descartes parle d'un Dieu créateur, il s'adresse non au peuple fidèle mais à tous les hommes : c'est la raison qui s'exprime par sa bouche. Toutefois, c'est la raison dans son discours sur Dieu : la notion, en passant de la révélation à la réflexion, ne cesse pas de viser un acte divin.

Cette rationalisation a été opérée avec l'outillage conceptuel dont les penseurs chrétiens disposaient, c'est-à-dire celui que les Grecs avaient perfectionné. La Bible est déchiffrée par une intelligence platonicienne ou aristotélicienne ou stoïcienne. La création se trouve ainsi traduite en causalité : le Créateur de la *Genèse* devient cause première et la démonstration de son existence apparaît liée à une exigence du principe de causalité. De là, la portée symbolique et l'importance historique de l'œuvre de Malebranche : si créer est l'acte d'une cause qui produit un effet, est-ce que

1. Floris Delattre, *Les dernières années d'Henri Bergson*, dans *Études bergsoniennes*, numéro spécial de la *Revue philosophique*, mars-août 1941, p. 16.

toute cause qui produit un effet n'implique pas l'acte de créer? Dans ces conditions, créer, pour la raison comme pour la foi, étant le privilège de Dieu, toute cause sera divine dans la mesure où son efficience signifie création de quelque chose. Dire qu'il y a un seul Dieu, c'est dire qu'« il n'y a qu'une seule cause qui soit véritablement cause[1] ».

Dans cette perspective historique, Bergson apparaît comme l'anti-Malebranche.

Pour Bergson, l'acte de créer est d'abord un fait d'expérience, la notion de création n'est ni religieuse ni théologique. Le fait de créer est une donnée immédiate de ma conscience, étant constitutif de l'être même que la psychologie étudie; le fait de créer est une propriété vitale et, comme tel, la biologie le reconnaît dès qu'elle s'élargit en histoire naturelle. Tout le bergsonisme apparaît alors comme un effort pour penser l'acte de création comme une évidence expérimentale et le dépouiller de son mystère. « La réalité, imprégnée d'esprit, est création[2]. » Pour qui sait se replacer dans la durée pure, créer devient une « idée claire »[3].

L'idée de création n'est mystérieuse que pour l'intelligence qui la pense à travers le schème causal. Ne pas confondre création et causalité est un impératif fondamental de la nouvelle critique. Il s'affirme dès le premier livre, dans ce troisième chapitre des *Données immédiates* où l'expérience de l'acte libre nous offre le modèle de toute existence.

L'acte libre dévoile la durée en tant qu'elle est à la fois mémoire et création, dans ce qui la fait à la fois continue et discontinue. C'est-à-dire qu'il échappe aux catégories de l'entendement, à commencer par celle de causalité dont l'intelligence se sert pour essayer de penser le changement en éliminant tout ce qui briserait sa continuité. Ceci apparaît dans l'argumentation contre le déterminisme psychologique; si Bergson parle alors d'une causalité interne, c'est pour la distinguer radicalement de l'autre: « Si la relation causale existe encore dans le monde des faits internes, elle ne peut ressembler *en aucune manière* à ce que nous appelons causalité dans la nature[4]. »

« Pour le physicien, la même cause produit toujours le même effet: pour un psychologue qui ne se laisse point égarer par d'apparentes analogies, une cause interne profonde donne son effet une fois et ne le produira jamais plus[5]. » Soit, dira-t-on: nous sommes dans un monde où les causes ne se répètent jamais rigoureusement semblables à elles-mêmes;

1. *Recherche de la vérité*, livre VI, 2e partie, chap. III, éd. G. Lewis; Vrin, 1962, t. II, p. 204.

2. *La pensée et le mouvant*, p. 39 (1275).

3. *Évolution créatrice*, p. 262 (699).

4. *Données immédiates*..., p. 153 (132), mots soulignés par nous.

5. *Ibidem*, cf. p. 167 (143), p. 179 (151-152).

mais ceci ne signifie pas qu'en cette unique fois où elle produit son effet la cause échappe au déterminisme. A ce « mais » Bergson répondra par un autre : comment expliquons-nous cette détermination ? En définitive, par une préformation. Que l'effet préexiste réellement ou idéalement dans la cause, qu'il y soit préformé à la façon d'un théorème dans une définition ou d'une possibilité dans un projet, on suppose toujours l'avenir déjà donné dans le présent ; le temps n'apportera rien de vraiment nouveau ; l'imprévisibilité ne sera que de l'imprévu : le changement ne sera que dévoilement. « Ainsi entendu, le rapport de causalité est un rapport nécessaire en ce sens qu'il se rapprochera indéfiniment du rapport d'identité comme une courbe de son asymptote [1]. »

L'acte libre n'est pas causé mais inventé. C'est pourquoi le moi qui invente n'est pas une cause. Parler de cause libre est contradictoire : c'est introduire dans la liberté une causalité qui doit la détruire. C'est pourquoi le troisième chapitre des *Données immédiates* oppose la nouvelle philosophie aux spiritualismes classiques comme aux doctrines déterministes. Ce que Bergson reproche aux adversaires de la liberté, c'est précisément ce qu'ils doivent à ses défenseurs : à travers leurs arguments, il dénonce les idées de la liberté qu'ils ont trouvées là où celle-ci est définie et démontrée ; en cherchant une cause qui serait libre et une liberté qui se plierait au schéma causal, les spiritualismes classiques s'attachent à un principe dont la logique les condamne.

Ainsi, quand l'auteur des *Données immédiates* parle de deux causalités, c'est au prix d'une équivoque qu'aucune analogie ne saurait atténuer. On le voit bien lorsqu'il pense le principe de causalité sous la forme qui fait le mieux ressortir sa signification rationnelle, en le présentant comme une variante du principe d'identité : il ne peut rien y avoir de plus dans l'effet que dans la cause. En 1903, à l'occasion d'une discussion sur la notion de liberté morale à la Société française de Philosophie, Bergson écrivait : « Ou la liberté n'est qu'un vain mot, ou elle est la causalité psychologique elle-même. Mais cette causalité psychologique doit-elle être entendue au sens d'une équivalence entre l'acte et ses antécédents multiples ? Parler ainsi serait se représenter la causalité psychologique et toute causalité en général, sur le modèle de la causalité physique, revenir d'une manière détournée à ce déterminisme mathématique universel que nous venons de contester, c'est-à-dire, en somme, nier l'existence d'une causalité proprement psychologique. S'il y a une causalité psychologique réelle, elle doit se distinguer de la causalité physique, et puisque celle-ci implique que rien ne se crée dans le passage d'un moment au moment suivant, celle-là

1. *Ibidem*, p. 158 (136).

implique au contraire la création par l'acte lui-même, de quelque chose qui n'existait pas dans les antécédents[1]. »

« … Quelque chose qui n'existait pas dans les antécédents… » Voilà ce que la raison ne peut comprendre. Mais comprendrait-elle la production d'une œuvre d'art ? L'idée que l'effet doit être au plus égal à la cause n'a strictement aucun sens lorsque l'effet est le *Printemps* et que la cause s'appelle Botticelli. « Par où la force spirituelle, si elle existe, se distinguerait-elle des autres, sinon par la faculté de tirer d'elle-même plus qu'elle ne contient[2] ? » Plus brièvement encore : « L'invention donne l'être à ce qui n'était pas[3]. » Bergson se plaît à frapper des formules qui violent le principe de causalité en niant l'identité que celui-ci affirme dans le temps et malgré le temps. L'acte de créer ne relève pas du schème causal : si Bergson est un jour amené à reconnaître un Créateur du monde, celui-ci ne sera certes pas pensé sur le modèle d'une cause, même première.

Une fois dissipée la confusion entre causer et créer, chaque acte retrouve sa clarté propre. Pour Bergson, la création pensée comme invention est d'abord un fait d'expérience et la philosophie l'élabore comme une notion de la science profane ; mais, comme il s'agit d'une science qui ne prend plus pour modèle la physique mathématique, la notion n'a rien à voir avec la causalité selon la philosophie grecque et la science occidentale. On voit alors ce qui se passe avec le bergsonisme.

Liée dans l'imagerie biblique à l'action d'un Dieu qui est le Dieu d'une religion, la création est devenue une idée de la raison dans les théodicées spiritualistes : donnée immédiate de la conscience et notion profane, la création, dans le bergsonisme, devient opération divine et fait alors réapparaître le Dieu de la religion.

D'abord révélée par le Dieu de Moïse, la qualité de Créateur avait été assumée par le Dieu des philosophes ; mais, serait-ce dans les métaphysiques qui accordent le plus à l'homme, ce qui est créé ne saurait créer ; à la créature qui porte la ressemblance de Dieu, on reconnaîtra le pouvoir d'arranger, d'ordonner, de varier les combinaisons, office démiurgique qui n'introduit qu'une analogie entre la cause seconde et la cause première. Malebranche, d'ailleurs, trouve que c'est encore trop : créer tient à ce qui est en Dieu si divin que Dieu ne saurait le communiquer, même à son image et même en image. Bergson, au contraire, constate qu'il existe des

1. Lettre à Brunschvicg lue le 26 février 1903, *Mélanges*, p. 586.

2. *La conscience et la vie*, dans *L'Énergie spirituelle*, p. 22 (831). Cf. *Introduction à la conférence du pasteur Hollard sur : Les réalités que la science n'atteint pas*, 1911, dans *Mélanges*, p. 885-887.

3. *La pensée et le mouvant*, p. 62 (1293). Cf. *infra*, p. 97-98.

créateurs bien avant de se demander s'il existe un Créateur, et ce dernier ne pourra apparaître qu'au sommet d'une hiérarchie de créateurs.

Comment s'est donc opéré dans le bergsonisme le passage des créateurs au Créateur?

LE DIEU COSMIQUE

Jusqu'à *L'Évolution créatrice*, Bergson n'a pas l'occasion de rencontrer Dieu dans le bergsonisme. Certes, il ne s'est pas détourné quand il l'a rencontré dans la philosophie de Paul Janet[1] ou dans celle de Maine de Biran[2]. Si objectifs que soient alors ses propos, l'intérêt qu'il porte aux deux doctrines prouve une sympathie pour ce « spiritualisme français » qui, dit-il, dérive tout entier de la seconde[3] et que la première représente contre le criticisme kantien. Toutefois, son spiritualisme, à lui, ne va pas encore aussi loin que celui-là. *Les données immédiates de la conscience* et *Matière et mémoire* ont établi la spiritualité de l'esprit, sa substantialité spirituelle[4]. Bergson n'a pas peur du mot « substance » que positivistes et phénoménistes s'accordent à rejeter: il n'en résulte pourtant pas que l'existence de Dieu soit même entrevue.

Quelques lignes de *Matière et mémoire*, cependant, définissent une sorte de conscience-limite qui, bien que le nom ne soit pas prononcé, occuperait la place de Dieu si elle existait. La conscience, explique Bergson, dure selon un certain rythme qui mesure son degré de tension; ce rythme n'est pas le même pour tous les êtres, ce qui se traduit dans des perceptions condensant une multitude plus ou moins grande de répétitions et de changements élémentaires. « Et l'histoire tout entière ne tiendrait-elle pas en un temps très court pour une conscience plus tendue que la nôtre, qui assisterait au développement de l'humanité en le contractant, pour ainsi dire, dans les grandes phases de son évolution[5]? » Simple question mais

1. *Analyse des principes de métaphysique et de psychologie* de Paul Janet, dans *Revue philosophique*, novembre 1897; *Mélanges*, voir p. 377-379, 394-397, 402-405.

2. *Ibidem*, p. 408; *Rapport sur le prix Bordin*, 8 novembre 1905 dans *Mélanges*, p. 662-670.

3. *Ibidem*, p. 409.

4. Cf. *Rapport* sur un ouvrage d'Alfred Binet, *L'Âme et le corps*, 25 novembre 1905, dans *Mélanges*, p. 672: « ...La conclusion de ce livre... serait tout à fait satisfaisante s'il était possible... de rendre compte de l'activité (au moins apparente) de l'esprit et des faits volontaires. Il paraît difficile, quand on considère ces phénomènes, de ne pas attribuer à l'esprit une existence plus substantielle que ne le fait l'auteur. »

5. *Matière et mémoire*, p. 231 (342); dans une première rédaction, il avait écrit: « une conscience plus souple » (1502).

qui, posant une échelle des êtres, suppose, au sommet, une conscience qui, comme toute conscience, dure mais dont la perception unirait le *maximum* au *minimum*.

Même mouvement de la pensée, quelques années plus tard, dans l'*Introduction à la métaphysique* : « L'intuition de notre durée… nous met en contact avec toute une continuité de durée que nous devons essayer de suivre soit vers le bas, soit vers le haut… » Dans le premier sens, c'est la descente vers ce qui dure de moins en moins et qui, à la limite, serait la matérialité. « En marchant dans l'autre sens, nous allons à une durée qui se tend, se resserre, s'intensifie de plus en plus : à la limite serait l'éternité. Non plus l'éternité conceptuelle qui est une éternité de mort, mais une éternité de vie. » Et, ici, Bergson revient à la conscience hypertendue de *Matière et mémoire*: « Éternité vivante et par conséquent mouvante encore, où notre durée à nous se retrouverait comme les vibrations dans la lumière, et qui serait la concrétion de toute durée comme la matérialité en est l'éparpillement[1]. »

On voit la signification plus méthodologique qu'ontologique de ces textes. La conscience à la plus haute tension selon *Matière et mémoire* et l'éternité vivante de l'*Introduction à la métaphysique* représentent, comme la matérialité pure et à l'opposé de la matérialité pure, une « limite extrême[2] ». Poser une limite est autre chose que reconnaître une existence ou même faire une hypothèse sur une existence. Considérant la durée des êtres accessibles à l'observation, le philosophe opère sur elle une espèce d'expérience mentale en allant jusqu'au bout d'un *processus* de resserrement. Il ne dit pas que ce qui serait alors concevable est : il ne formule même pas la question. C'est peut-être pourquoi il n'emploie pas le mot Dieu, mot qui désigne un existant réel ou du moins envisagé comme existant possible. Toutefois, définir la « limite extrême » vers le haut dans l'ordre de l'être, c'est tout de même indiquer ce que serait Dieu s'il existait, ce qu'il faudrait mettre sous son nom s'il nous arrivait de rencontrer la question de son existence.

Ceci arrivera dans *L'Évolution créatrice*.

Bergson vient de rappeler la nouvelle évidence. « Tout est obscur dans l'idée de création si l'on pense à des *choses* qui seraient créées et à une *chose* qui crée… » : c'est là ce que fait l'entendement et ce qu'il ne peut s'empêcher de faire[3]; mais rien n'est plus clair que cette idée dans la philosophie de la durée et elle ne cessera pas de l'être quand il s'agira de la

1. *Introduction à la métaphysique*, 1903, dans *La pensée et le mouvant*, p. 237-238 (1419).

2. *Ibidem*, p. 238 (1419).

3. *Évolution créatrice*, p. 269 (705).

création de l'univers. Car il s'agit de l'univers, c'est-à-dire de la multiplicité des mondes. Bergson a esquissé l'histoire de la vie dans notre monde et personne, bien sûr, ne saurait dire ce qu'elle fut dans les autres; pourtant, malgré cette ignorance, « nous avons tout lieu de les croire analogues au nôtre [1] ". Si différentes que puissent être les histoires, partout il y a vie créatrice, partout il y a de l'élan qui s'élance et de l'élan qui retombe, partout il y a invention de formes et engourdissement. Or, cette nature commune, et par suite connaissable, sous la diversité d'évolutions distinctes, et par suite inconnaissables (sauf une, évidemment), cette nature commune signifie un principe unique: c'est à l'occasion de ce principe que le mot Dieu apparaît pour la première fois non certes sous la plume de Bergson, mais dans sa philosophie et, de ce fait, avec un sens bergsonien: « Si, partout, c'est la même espèce d'action qui s'accomplit, soit qu'elle se défasse soit qu'elle tente de se refaire, j'exprime simplement cette similitude probable quand je parle d'un centre d'où les mondes jailliraient comme les fusées d'un immense bouquet – pourvu toutefois que je ne donne pas ce centre pour une *chose*, mais pour une continuité de jaillissement. Dieu, ainsi défini, n'a rien de tout fait: il est vie incessante, action, liberté. » Revenant alors à la nouvelle évidence dont tout ce développement illustre la portée métaphysique, Bergson ajoute: « La création, ainsi conçue, n'est pas un mystère : nous l'expérimentons en nous dès que nous agissons librement [2]. »

« Dieu ainsi défini... » Dieu est donc défini. La définition ne pose-t-elle qu'une « limite extrême »? Il ne le semble pas. La pluralité des mondes conduit à l'unité d'où ils jaillissent sans quitter le plan de l'existence, de même que la pluralité des évolutions divergentes à l'intérieur de notre monde révèle « l'indivisible principe moteur d'où procédait leur élan [3] ». Par conséquent, le bergsonisme a repris le mot Dieu au moment où il en avait besoin pour signifier un existant : ce mot retrouve dans la philosophie nouvelle son sens ancien en désignant un être suprêmement être. Puisque, dans la philosophie nouvelle création et liberté sont essentielles à l'être, c'est donc l'existence d'un Dieu créateur et libre qu'affirme *L'Évolution créatrice*. Ajoutons : puisque créer est une exigence de la conscience, ce Dieu qui est pure activité créatrice est « supra-conscience », comme l'écrit Bergson à deux reprises dans son livre [4].

1. *Ibidem*, p. 262 (699), p. 270 (706).
2. *Ibidem*, p. 270 (706).
3. *Ibidem*, p. 110 (581).
4. *Ibidem*, p. 267 (703) et 283 (716). Analysant les *Principes de psychologie et de métaphysique* de Paul Janet (1897), il rappelle que Dieu est supraconscience selon « la terminologie des alexandrins » (*Mélanges*, p. 396).

Tout ceci est exact, mais à condition de ne pas faire dire aux mots plus qu'ils ne disent dans leur contexte bergsonien.

Ici encore, comprenons bien la radicale originalité du bergsonisme. Dans les métaphysiques traditionnelles, dirons-nous en gros, on connaît l'existence de Dieu avant de savoir qu'il est créateur. On démontre, sous le nom de Dieu, l'existence nécessaire d'un Premier Moteur, comme Aristote et saint Thomas, ou d'un Être infini, comme Descartes et Spinoza. On se demande ensuite quel est son rapport au monde et si ce rapport est celui de Créateur à créature. Les deux questions sont si distinctes que l'on peut poser la première sans la seconde, et qu'une même réponse à la première n'entraîne pas une même réponse à la seconde. Le Premier Moteur de saint Thomas est aussi créateur, non celui d'Aristote. L'Être infini de Descartes est créateur précisément parce qu'infini : pour la même raison celui de Spinoza ne l'est pas. Au contraire, dans le bergsonisme, le fait d'être créateur représente ce qu'il y a de premier connu dans l'idée de Dieu, car c'est ce qu'il y a de plus clair en elle, l'acte de créer étant, pour un esprit non prévenu par la raison, l'évidence la plus manifeste.

De là, un changement de perspective. Le Dieu créateur, libre et supra-conscient des théodicées traditionnelles, n'apparaît qu'à leur dernier chapitre : ce sont là les attributs auxquels on reconnaît le Dieu transcendant et personnel. C'est donc le moment où, sollicitée par le rationalisme mathématique et guettée par l'anthropomorphisme poétique, la raison humaine choisit le paradoxe avec ses difficultés : elle ose appeler Dieu une personne, affirmant ainsi que l'homme est image de Dieu, mais avec une transcendance telle qu'en aucune façon Dieu n'est image de l'homme. Poser un Dieu créateur, libre et supra-conscient n'est, dans le bergsonisme, qu'une introduction à la théodicée, ce que le philosophe peut dire avant d'aborder les difficiles problèmes de la transcendance et de la personnalité divines : il s'agit des attributs élémentaires sans lesquels le mot Dieu ne saurait être employé.

L'exigence de créer, la liberté, la conscience sont des propriétés de l'être vivant et pas seulement de l'être personnel : on les attribue donc spontanément à Dieu au moment même où on le pose existant. C'est ensuite seulement que l'on aura l'idée de demander : pourquoi l'« indivisible principe moteur d'où procède l'élan » ne serait-il pas immanent à l'élan ? pourquoi chercher une analogie avec ce psychisme dont un cerveau perfectionné a permis le développement au bout de la série des vertébrés ? Ainsi, ne prenons pas la célèbre page de *L'Évolution créatrice* pour une réponse à des questions que précisément elle va introduire dans le bergsonisme. Le Dieu qui apparaît alors n'est qu'un Dieu cosmique. Quand le *cosmos* est le devenir d'une nature qui est vie et que cette vie est conscience, les qualités psychologiques que l'on attribue à l'essence divine n'expriment encore qu'une fonction cosmique. Quand l'être du monde est un élan créateur et libre, ces deux adjectifs conviennent au souverain Être simplement en tant qu'il est un Premier Moteur mobile. Il reste à se demander dans quelle mesure cette explication de l'univers exige la transcendance du principe explicatif et si cette transcendance ressemble à celle d'une personne.

Que *L'Évolution créatrice* ne soit pas allée plus loin. c'est ce que signifient les questions du R. P. de Tonquédec et aussi les réponses de Bergson. Le R. P. de Tonquédec avait parlé d'un « monisme dynamique et évolutif » et, même après les explications de l'auteur, il continuait à se demander : « Au centre, le jaillissement est-il de même nature que les jets ? » Ce jaillissement est-il une création au sens propre du terme, c'est-à-dire une création ex nihilo, puisque, dans le bergsonisme, le néant est tellement impensable qu'il ne peut même être visé par une idée [1] ?

Très significatif est le ton des réponses de Bergson. Le philosophe regarde son livre comme celui d'un autre : il relève ce qui est écrit, il constate ce qui n'est pas dit, il essaie de discerner dans quelles directions la pensée semble s'orienter.

Ce qui est écrit ? Mais dans le texte où le mot Dieu est écrit, « je parle de *Dieu* comme de la *source* d'où sortent tour à tour, par un effet de sa liberté, les « courants » ou « élans » dont chacun formera un monde : il en reste donc distinct [2] »...

Ce qui n'est pas dit ? La critique de l'idée du néant « aboutit simplement à montrer que *quelque chose* a toujours existé. Sur la nature de ce *quelque chose*, elle n'apporte, il est vrai, aucune conclusion positive ; mais elle ne dit, en aucune façon, que ce qui a toujours existé soit le monde lui-même, et le reste du livre dit explicitement le contraire [3] ».

Dans quelles directions la pensée semble-t-elle s'orienter ? Nous sommes en 1912, cinq ans après la publication de l'ouvrage. « Je ne vois

1. Le P. de Tonquédec a publié un premier article : *Comment interpréter l'ordre du monde ?* dans *Les Études*, 5 mars 1908 ; un second article : *M. Bergson est-il moniste ?* dans *Les Études*, 20 février 1912, ce second article donnait avec l'autorisation de l'envoyeur deux lettres de Bergson, du 12 mai 1908 et du 20 février 1912. Ces deux articles ont été réunis avec une introduction dans une plaquette : *Dieu dans « L'Évolution créatrice »*, 1912. Tous ces textes ont été repris, avec d'autres articles du P. de Tonquédec sur Bergson, dans *Sur la philosophie bergsonienne*, Paris, Beauchesne, 1936. L'auteur a maintenu sa position dans sa communication au Congrès de 1959 : *La conception bergsonienne de Dieu*, et dans la discussion qui a suivi. Cf. *Bergson et nous*.

2. Lettre du 12 mai 1908, *Mélanges*, p. 766.

3. *Ibidem*. S'il l'avait connu, Bergson eût cité ici ce texte de Bérulle : « ...le même mouvement divin qui tire le monde hors du néant, ou pour mieux dire hors de Dieu... » (*Opuscules de piété*, éd. Rotureau, Paris, Aubier, 1944, n. XIV, p. 104).

rien à ajouter pour le moment, en tant que philosophe, parce que la méthode philosophique, telle que je l'entends, est rigoureusement calquée sur l'expérience (intérieure et extérieure), et ne permet pas d'énoncer une conclusion qui dépasse de quoi que ce soit les considérations empiriques sur lesquelles elle se fonde. » Ces « considérations empiriques », où le conduisent-elles, jusqu'à présent? celles de l'*Essai sur les données immédiates* « aboutissent à mettre en lumière le fait de la liberté; celles de *Matière et mémoire* font toucher du doigt, je l'espère, la réalité de l'esprit; celles de *L'Évolution créatrice* présentent la création comme un fait »... Quelle « conclusion » se trouve alors « fondée » ? « De tout cela, se dégage nettement l'idée d'un Dieu créateur et libre, générateur à la fois de la matière et de la vie, et dont l'effort de création se continue du côté de la vie, par l'évolution des espèces et par la constitution des personnalités humaines. » Puisqu'on agite des mots en *isme*, Bergson ajoute : « De tout cela se dégage, par conséquent, la réfutation du monisme et du panthéisme en général. » Pourquoi ne pas s'arrêter ici ? « Mais, continue le philosophe, pour préciser encore plus ces conclusions et en dire davantage, ... » : tout n'a donc pas été dit? que reste-t-il à « préciser » ? La nature des « considérations empiriques » qui vont aussitôt être envisagées donne une idée de celle des « condusions » qu'elles pourraient « fonder » : « ...il faudrait aborder des problèmes d'un tout autre genre, les problèmes moraux[1]. » Traduisons : le dernier livre suit la vie dans son « effort de création » à travers l'« évolution des espèces » : il reste à la suivre à travers l'histoire des « personnalités humaines »; la précédente étude requiert l'existence d'un centre d'où jaillissent les mondes; la prochaine s'annonce comme un pèlerinage aux sources : tout porte à croire qu'elle éloignera le bergsonisme encore davantage du panthéisme et du monisme.

Sans mettre en doute, bien sûr, la sincérité du philosophe, certains ont jugé ou jugent encore la logique de la doctrine plus forte que ses intentions[2]. A dire vrai, il ne s'agit pas d'intentions, mais de la logique telle que l'auteur lui-même la voit dans sa propre pensée. Ce que Bergson écrit au P. de Tonquédec représente sa lecture des textes et il doit bien y avoir dans les textes quelques bonnes raisons de les lire ainsi.

1. Lettre du 20 février 1912, *ibidem*, p. 964.

2. Voir en particulier Jacques Maritain, *La philosophie bergsonienne*, 2e éd., 1930, notamment 1re partie, chap. III : L'être par soi et l'être contingent. L'idée du néant ; 2e partie, chap. IV : Dieu ; 3e partie, chap. I : Bergsonisme de fait et bergsonisme d'intention ; *De Bergson à Thomas d'Aquin, Essais de métaphysique et de morale*, Paris, Hartmann, 1947, chap. I et II (écrits en 1936, après les *Deux sources...*) ; M. T. L. Penido, *Dieu dans le bergsonisme*, 1934 : l'ouvrage entier est une critique des thèses bergsoniennes ; on remarquera la longue discussion du « plaidoyer » que représente le livre du P. Émile Rideau, *Le Dieu de Bergson, Essai de critique religieuse*, Alcan, 1932.

D'abord, il y a une différence radicale entre l'élan vital et le centre d'où il jaillit; Bergson l'indique lui-même dans la lettre du 12 mai 1908, écrivant du second : « Ce n'est pas de lui qu'on peut dire que *le plus souvent il tourne court*, ou qu'il soit *à la merci de la matérialité qu'il a dû se donner*[1]. » L'élan vital dont l'expérience intime nous révèle la nature et dont les sciences biologiques nous racontent l'histoire, cet élan n'est jamais saisi qu'en lutte avec une matière qui ralentit sa puissance créatrice et comprime sa conscience. Concevons-le libéré de tous les obstacles qui le condamnent à cette lutte pour la vie, pour sa vie : il reste une énergie dont rien ne limite plus la fécondité créatrice ni l'épanouissement en une supra-conscience. Quand nous retirons à l'évolution créatrice tout ce qui tient au substantif, l'adjectif se transforme en substantif et pose un créateur de l'évolution.

Cette différence radicale en exprime une autre ou plutôt se retrouve dans les textes où Bergson affirme la finitude de l'élan vital. « La force qui évolue à travers le monde organisé est une force limitée, qui toujours cherche à se dépasser elle-même, et toujours reste inadéquate à l'œuvre qu'elle tend à produire[2]. » « Tout paraît indiquer que cette force est finie et qu'elle s'épuise assez vite en se manifestant...[3] » « L'élan est fini, et il a été donné une fois pour toutes...[4] » Le contexte de ces lignes est important. Dans les philosophies d'inspiration hellénique, le devenir est du moins-être et, si l'être est infini, il est signe de finitude; dans le bergsonisme, l'être est durée : l'infini ne peut donc être dans l'immobilité et le fini dans le fait de changer. Ce qui est alors signe de finitude, c'est ce devenir que présente l'histoire de notre monde, avec la dispersion de l'énergie fondamentale et la multiplicité des directions suivies, avec les arrêts et les piétinements sur place, avec les échecs et les dissonances, avec la lenteur de la montée vers l'homme. Si c'est partout comme ici, si c'est le même combat « dans tous les mondes suspendus à toutes les étoiles[5] », l'infinité ne peut être que celle de la source d'où émane cette pluralité de mondes doués chacun d'une puissance finie d'évolution.

La logique à considérer est ici celle de l'idée de création. La finitude est le fait de l'être créé : ceci, Bergson ne l'a pas découvert, mais le bergsonisme a sa façon propre de le répéter. Les spiritualismes traditionnels lient à une certaine passivité la dépendance dans l'être qui définit l'état de créature et sa finitude : la nouvelle philosophie reconnaît la dépendance

1. *Mélanges*, p. 766-767; les mots en italiques sont entre guillemets dans le texte et viennent de *L'Évolution créatrice*, p. 138 (603).

2. *Ibidem*, p. 137-138 (602).

3. *Ibidem*, p. 154 (615).

4. *Ibidem*, p. 276 (710).

5. *Ibidem*, p. 278 (712).

dans l'être qui définit l'état de créature en constatant la finitude de la puissance créatrice dont la cosmologie retrace l'évolution. La distinction de créature à créateur est celle d'une énergie finie à une source intarissable d'énergie. Rien de plus, rien de moins.

Ceux qui persistent à confondre Dieu avec l'élan vital en disent moins que Bergson parce qu'en répétant les mots de Bergson ils mettent dessous plus que ne met Bergson.

RECHERCHE DU SURHOMME

Invité à donner en avril et en mai 1914 les Gifford Lectures, Bergson choisit comme sujet « le problème de la personnalité ». Un de ses auditeurs exposait alors une de ses conclusions en des termes qui semblent bien avoir été ceux du conférencier : « Le résultat du processus d'évolution… est la constitution de personnalités distinctes. Et puisque l'activité de la personnalité est créatrice, nous semblons être autorisé à regarder le processus entier de l'évolution comme le mécanisme nécessaire pour la création de créateurs [1]. »

Ainsi, l'exigence d'invention qui fait l'être des êtres se concentre dans les personnes et c'est en méditant sur les œuvres des personnes que Bergson doit préparer la suite de son *Évolution créatrice*.

Quelles sortes d'œuvres manifestent le plus purement l'inspiration créatrice de la vie en l'homme? Celles, bien sûr, qui n'intéressent pas l'action sur la nature. C'est pourquoi Bergson se tourne vers l'art et la morale A-t-il hésité entre les deux? Le 24 octobre 1909, a Benrubi l'interrogeant sur ses projets : « Il répondit qu'il comptait se consacrer complètement à un nouvel ouvrage qu'il préparait, mais dont il ne savait pas encore si ce serait une esthétique ou une morale ou bien peut-être les deux à la fois [2]. » Peut-être se souvenait-il alors du *Rire*, où le psychologue avait dû se faire esthéticien et moraliste « à la fois ». Deux ans plus tard, il signalait encore le lien des deux disciplines; après avoir dit à Joseph Lotte que son livre de morale était loin d'être écrit, il lui confiait : « … L'esthétique aussi me retient. Je travaille beaucoup. Esthétique, morale, il doit y avoir parenté, il doit y avoir des points communs. Mais, c'est bien

1. Professeur Seth, *The Scotchman Monday*, 25 mai 1914 : « The result of the processus of evolution is… the constitution of distinct personalities. And since the activity of personality is creative, we seem warranted in regarding the entire evolutionary process as the mechanism necessary for the creation of creators. »

2. *Souvenirs…*, p. 32.

obscur, bien obscur…[1] » A quel moment Bergson a-t-il vu clair dans la façon de traiter le problème qui se posait pour lui après *L'Évolution créatrice ?* Il est fixé et il sait parfaitement où va son œuvre quand il rédige les dernières pages de la version française de sa conférence : *La conscience et la vie.* Nous ignorons la date de cette rédaction : nous savons seulement que cette version parut en 1919 dans *L'Énergie spirituelle*[2].

Il y a là un texte capital qui éclaire la transition conduisant de *L'Évotution créatrice* aux *Deux sources.* Après avoir retracé les grandes lignes de l'évolution jusqu'à l'homme, Bergson pose la question qui ouvre l'histoire philosophique de la nouvelle ère : « Pourquoi l'esprit s'est-il lancé dans l'entreprise ? » Il faudrait « suivre plusieurs nouvelles lignes de faits », celles, par exemple, qui concernent « l'idéal moral », « le progrès social ». Mais, à l'époque où il écrit ces lignes, il peut aller droit au « point de convergence[3] » et indiquer où est l'activité humaine la plus puissamment créatrice : « Si donc, dans tous les domaines, le triomphe de la vie est la création, ne devons-nous pas supposer que la vie humaine a sa raison d'être dans une création qui peut, à la différence de celle de l'artiste et du savant, se poursuivre à tout moment chez tous les hommes : la création de soi par soi, l'agrandissement de la personnalité par un effort qui tire beaucoup de peu, quelque chose de rien, et ajoute sans cesse à ce qu'il y avait de richesse dans le monde[4] ? » Ces derniers mots renvoient à ce que Bergson appelle la morale : les suivants expliquent pourquoi elle représente le plus haut degré d'*inventiveness.*

Bergson a toujours insisté sur la similitude de l'art et de la nature : ici et là, il y a création d'une forme dont la beauté marque à la fois l'épanouissement et l'arrêt momentané de l'élan créateur. « Le point de vue de l'artiste est donc important, mais non pas définitif… Supérieur est le point de vue du moraliste… » Bergson le définit en quatre lignes qui unissent l'histoire humaine à l'histoire naturelle : « Chez l'homme seulement, chez les meilleurs d'entre nous surtout, le mouvement vital se poursuit sans obstacle, lançant à travers cette œuvre d'art qu'est le corps humain, et qu'il a créée au passage, le courant indéfiniment créateur de la vie morale. » Les

1. *Entretien…*, 21 avril 1911, dans *Bulletin Joseph Lotte*, mars 1940, p. 284. Dans le même sens, il disait alors à Gilbert Maire : « Il est bien vain d'opposer l'art à la morale. Leur origine et leur dessein peuvent être aussi éloignés que posible. Mais l'un et l'autre parcourent un chemin ascendant : ils se rejoignent sur le sommet. » (*Aux marches…*, p. 25).

2. La conférence fut donnée à l'Université de Birmingham le 29 mai 1911 ; son texte anglais fut publié sous le titre : *Life and Consciouness*, dans *The Hibbert Journal*, octobre 1911 ; cf. Édition du Centenaire, p. 815, n. 1 et p. 1516-1517 ; le texte que nous commentons a été ajouté dans la rédaction française.

3. *Énergie spirituelle*, p. 22-23 (831).

4. *Ibidem*, p. 25 (833).

mots « indéfiniment créateur » sont aussitôt commentés : « Créateur par excellence est celui dont l'action, intense elle-même, est capable d'intensifier aussi l'action des autres hommes, et d'allumer, généreuse, des foyers de générosité[1]. » Les statues de Phidias provoquent l'admiration ; l'exemple de Socrate, l'imitation : le second l'emporte en efficacité spirituelle.

Cette page de *L'Énergie spirituelle* s'achève sur une image qui, elle aussi, éclaire le cheminement de la pensée vers la doctrine des *Deux sources* à partir de *L'Évolution créatrice* : « Les grands hommes de bien, et plus particulièrement ceux dont l'héroïsme inventif et simple a frayé à la vertu des voies nouvelles, sont révélateurs de vérité métaphysique. Ils ont beau être au point culminant de l'évolution, ils sont le plus près des origines et rendent sensible à nos yeux l'impulsion qui vient du fond. Considérons-les attentivement, tâchons d'éprouver sympathiquement ce qu'ils éprouvent, si nous voulons pénétrer par un acte d'intuition jusqu'au principe même de la vie. Pour percer le mystère des profondeurs, il faut parfois viser les cimes. Le feu qui est au centre de la terre n'apparait qu'au sommet des volcans[2]. »

Première idée à souligner : celui qui, par l'invention morale, est « créateur par excellence », celui-là, de ce fait, se trouve au « point culminant de l'évolution » ; son existence dans l'histoire humaine va donc préciser la finalisation rétrospective de l'histoire naturelle. En posant l'humanité comme la dernière espèce et, par suite, comme la raison d'être de la vie sur la planète, Bergson l'avait reconnue comme capable de sauver dans chaque individu cette exigence de dépassement qu'est l'élan créateur. C'est bien pourquoi le philosophe avait exprimé sa vision anthropocentrique du monde dans une formule en forme de pierre d'attente : le surhomme entrevu dans *L'Évolution créatrice* commence à prendre figure dans *La conscience et la vie* ; si aucun nom propre n'est encore prononcé, du moins savons-nous où le chercher : s'il « se réalise », ce sera dans un « héroïsme inventif » d'ordre moral.

Ce héros moral, telle sera la seconde idée à souligner, ce n'est pas un moraliste, mais un homme aux actions exemplaires ; ce n'est pas Socrate « fondateur de la science morale[3] », mais Socrate bouleversant les âmes par sa vie et par sa mort. *La conscience et la vie* précise ici quelques mots de *L'Évolution créatrice* qui, à la fin du chapitre III, étaient comme une promesse. « Une telle doctrine, écrivait Bergson, ne facilite pas seulement

1. *Ibidem*, p. 26 (833-834).

2. *Ibidem*, p. 26-27 (834). Même image dans *Le bon sens* (1895), *Mélanges*, p. 365 ; *Le rire*, p. 163.

3. Titre d'un article d'Émile Boutroux, *Études d'histoire de la philosophie*, 1897.

la spéculation. Elle nous donne aussi plus de force pour agir et pour vivre[1]. » Mais, quand l'action est invention et la vie création, il faut bien se demander pour quelle action et dans quelle vie ? C'est justement cela que nous apprendra le surhomme selon *L'Énergie spirituelle*.

Si l'on essaie de poser le problème moral selon Bergson à travers les cadres de la philosophie scolaire, son originalité apparaîtra aussitôt dans la relation qui se trouve alors établie entre *la morale théorique* et *la morale pratique*. Deux tendances, semble-t-il, divisent les écoles sur le genre de difficulté qui dicte le problème. Pour les uns, ce qui est difficile, c'est de savoir ce qu'il faut faire, car si on le voyait clairement, on le ferait. Pour les autres, ce qui est difficile, ce n'est pas de savoir ce qu'il faut faire, mais de le faire. Au cours d'un entretien, en 1911, les réactions spontanées de Bergson dessinent son attitude. A certains égards, il se rapproche des seconds quand il moque des « morales théoriques », « très belles constructions qui ne servent à rien ». Cependant, comme les premiers, il estime que « le bien, le mal, c'est obscur » ; « dans la pratique, bien souvent, l'on ne voit pas, l'on ne distingue pas ce qui est le bien[2] ». Il diffère des uns et des autres en ce sens qu'il rapporte l'idéal moral à l'invention et non à la spéculation. Ici et là, en effet, il y avait théorie et pratique : ici, la théorie est difficile, mais la pratique est aisée ; là, la théorie est aisée, mais la pratique est difficile. Selon Bergson, il y a invention d'une pratique et cette pratique inclut une théorie ; l'héroïsme est « inventif » d'une conduite et cette conduite dessine un idéal.

Une troisième idée suit des deux précédentes. La surhumanité ainsi définie ne nous apprend pas seulement où va l'élan vital, elle pourrait nous montrer d'où il vient : la plus haute création est aussi la plus révélatrice du principe créateur. Ici encore, une pierre d'attente a été posée dans la philosophie de l'histoire naturelle ; dans un texte dont le contexte doit être regardé de près. Bergson a employé le mot « Dieu » pour désigner « une continuité de jaillissement » qui serait le principe de toute vie[3]. Le morceau aurait, certes, besoin d'éclaircissements. On ne les trouve pas dans *La conscience et la vie*, mais, là, on nous indique qui consulter pour en savoir davantage : c'est précisément le surhomme entrevu dans *L'Évolution créatrice* et maintenant identifié comme l'être en qui l'élan vital devient générosité rayonnante.

Lu dans le prolongement de *L'Évolution créatrice*, le premier essai de *L'Énergie spirituelle* fait apparaître dans la pensée de Bergson des connexions spontanées entre des ordres de recherches le plus souvent

1. *Évolution créatrice*, p. 293 (724).
2. *Entretien avec Joseph Lotte*, 21 avril 1911, art. cit. p. 881.
3. *Évolution créatrice*, p. 270 (706). Cf. *supra*, p. 90-91.

séparés chez ses prédécesseurs. Son problème est : quelle est l'activité humaine la plus puissamment créatrice ? S'il répond : l'activité morale, ce n'est pas au moraliste qu'il songe mais aux vies exemplaires. C'est pourquoi la réflexion sur les hommes qui créent un idéal en le vivant conduit tout naturellement à la source où ils puisent inspiration et force. Si c'est là le problème de Dieu, il s'agit d'un Dieu qui donne la vie à la fois au monde et aux surhommes, d'un Dieu commun à la métaphysique et à la religion. Enfin, si c'est par un « acte d'intuition » que la conscience peut « pénétrer jusqu'au principe même de la vie », n'est-ce pas ce que l'on a toujours appelé mysticisme ?

Morale, métaphysique, religion, mysticisme, ces mots renvoient à une seule recherche dans la pensée de Bergson au lendemain de *L'Évolution créatrice*. Dans la lettre du 20 février 1912 où il déclare au R. P. de Tonquédec que sa philosophie semble conduire à l'idée d'un Dieu créateur et libre, il ajoute : « Pour préciser encore plus ces conclusions et en dire davantage, il faudrait aborder des problèmes d'un tout autre genre, les problèmes moraux[1]. » Et quand on le met sur ce chapitre des problèmes moraux, il répond en parlant de ses lectures d'écrits mystiques. « La morale a beaucoup à apprendre des grands mystiques », dit-il à Benrubi[2]. Devant Joseph Lotte qui l'interroge sur cette « Morale » que les libraires attendent, Bergson fait allusion à de longues recherches en cours, il rappelle l'exemple des « grands Grecs » puis, sans transition : « Les mystiques !... Ah ! les mystiques ! Je ne les connaissais pas... Je les travaille en ce moment et je suis bien intéressé... C'est un monde nouveau que j'ai découvert... [3] ».

Bergson eut, pour la première fois, l'occasion de considérer le mot « mystique » en fonction de sa philosophie, le 2 mai 1901, au cours d'une séance de la Société française de Philosophie. Le mot a été lancé par Édouard Le Roy, se demandant si l'on ne trouverait pas dans la métaphysique positive deux mouvements « analogues » aux « voies » des mystiques : d'abord, « on cherche, en effet, à se dégager des limitations que l'exercice de la vie usuelle apporte à la pensée », ce qui rappelle la *via purgativa* ; dans « une seconde phase », après la *via purgativa*, il y a la *via illuminativa*, qui, semble-t-il, attend encore son équivalent dans le bergsonisme[4]. La réponse de Bergson est historiquement intéressante dans la

1. *Mélanges*, p. 964. Cf. Bergson à Harold Höffding, 15 mars 1915, *Mélanges*, p. 1147.

2. Benrubi, *ouv. cit.*, 31 mai 1910, p. 48.

3. 21 avril 1911, art. cit., p. 881 ; voir les nombreuses précisions données par Bergson sur ses lectures et leur influence dans Sertillanges, *Avec Henri Bergson*, p. 23-24 ; et entretien du 2 mars 1938, rapporté par Jacques Chevalier, *Entretiens...*, p. 273-276 et 279.

4. *Le parallélisme psycho-physique...*, dans *Bulletin de la Société française de Philosophie*, juin 1901, p. 63 ; *Mélanges*, p. 492.

mesure même où philosophiquement elle ne l'est pas : le bergsonisme n'a pas encore adopté le terme qui surgit dans le feu de l'improvisation; on va donc parler, comme tout le monde, en considérant deux sens d'usage courant. « Si l'on entend par mysticisme (comme on le fait presque toujours aujourd'hui) une réaction contre la science positive, la doctrine que je défends n'est d'un bout à l'autre qu'une protestation contre le mysticisme, puisqu'elle se propose de rétablir le pont (rompu depuis Kant) entre la métaphysique et la science. » Nous sommes évidemment très loin de Plotin et de saint Jean de la Croix : nous n'en sommes pas beaucoup plus près avec le second sens : « Que si maintenant on entend par mysticisme un certain appel à la vie intérieure et profonde, alors toute philosophie est mystique[1] ».

Il semble que *The Varieties of religious experience, a study in human nature*, publié en 1902, ait vraiment fait sur Bergson une « profonde impression » : tout ce qu'il dit et redit à l'auteur sur cet ouvrage ne relève pas de la seule courtoisie. Il a vu là une sorte de livre-modèle : ce qui est très conforme à l'esprit de sa propre philosophie, il estime que William James a vraiment établi la spécificité de l'« émotion religieuse », qu'il a mis au point une méthode permettant de traiter ses diverses manifestations comme des faits, qu'il a montré comment pareil résultat conduit spontanément la psychologie au delà de la simple description et dassification des phénomènes[2]. En 1911, lorsque Bergson re-pense l'œuvre de James pour écrire une préface à la traduction française de son livre *The Pragmatism*, il donne du mysticisme une définition dont le contexte est la cosmologie d'*A Pluralistic Universe*, mais que son lecteur comprend dans le contexte de *L'Évolution créatrice*. Dans *Les variétés de l'expérience religieuse*, Bergson voit beaucoup plus qu'une psychologie du sentiment religieux : ce que James y met en lumière, c'est une relation concrète, existentielle, dirions-nous aujourd'hui, de l'âme humaine à une espèce d'âme du monde. Il y a là une page importante dans l'histoire de la pensée qui aboutit aux *Deux sources* :

« Les sentiments puissants qui agitent l'âme à certains moments privilégiés sont des forces aussi réelles que celles dont s'occupe le physicien : l'homme ne les crée pas plus qu'il ne crée de la chaleur ou de la lumière. Nous baignons, d'après James, dans une atmosphère que traversent de grands courants spirituels. Si beaucoup d'entre nous se raidissent, d'autres se laissent porter. Il est des âmes qui s'ouvrent toutes grandes au souffle bienfaisant. Celles-là sont des âmes mystiques. Et

1. *Ibidem*, p. 63-64; *Mélanges*, p. 495, lignes 1-3.

2. A. William James, 6 janvier 1903, *Mélanges*, p. 579-581; 25 mars 1903, p. 587-588; 30 avril 1909, p. 785-786; 31 mars 1910, p. 816-817.

Bergson ajoute : « James se penchait sur l'âme mystique comme nous nous penchons dehors, un jour de printemps, pour sentir la caresse de la brise, ou comme, au bord de la mer, nous surveillons les allées et venues des barques et le gonflement de leurs voiles pour savoir d'où souffle le vent. Les âmes que remplit l'enthousiasme religieux sont véritablement soulevées et transportées : comment ne nous feraient-elles pas prendre sur le vif, ainsi que dans une expérience scientifique, la force qui transporte et qui soulève[1] ? »

Reste à savoir ce qu'est cette force. Elle est sans doute cette énergie de nature psychique qui anime tous les êtres de tous les mondes. C'est pourquoi les travaux de William James ouvrent une voie qui aboutit aussi bien aux « sciences psychiques » qu'à la lecture de sainte Thérèse d'Avila et de saint Jean de la Croix. La consultation des grands mystiques se détachera sur un fond de recherches portant sur tout ce qui, dans la vie individuelle, déborde la conscience claire et les activités du corps en travail dans l'univers des objets. Ce n'est nullement par hasard que les thèmes de la conférence « *Fantômes de vivants* » et « *Recherches psychiques* » se retrouvent à la fin des *Deux sources*[2]. Expériences mystiques et expériences métapsychiques appartiennent à un même ordre de faits situés à des niveaux différents.

D'où vient cette différence de niveau? C'est celle de l'humain et du surhumain. Des phénomènes comme ceux de la télépathie ne sont exceptionnels qu'en raison de notre incarnation dans un corps voué à l'action : ils signifient simplement que la conscience déborde l'organisme et que la cosmologie inclut une sorte d'interpsychologie. Les faits auxquels Bergson applique le mot mystique n'expriment pas seulement la solidarité de tous les individus de l'espèce humaine qu'anime le même élan vital, mais l'union de certaines personnes au principe de cet élan, union par laquelle elles deviennent plus qu'hommes.

Bergson écrivait à l'auteur des *Variétés de l'expérience religieuse* : « Vous venez d'ouvrir là une voie... » Il ajoutait : « ...où vous serez certainement suivi par beaucoup d'autres...[3] » est-il déjà de ces « autres » ? S'il n'en est pas alors, il en sera après *L'Évolution créatrice*. Il en est

1. *La pensée et le mouvant*, p. 271-272.

2. *« Fantômes de vivants » et « Recherches psychiques »*, conférence faite à la Society for psychical Research de Londres, le 28 mai 1913, quand Bergson en prit la présidence ; le texte recueilli dans *L'Énergie spirituelle*, en 1919, est une nouvelle rédaction. *Deux sources...*, p. 341-342 (1244-1246). Voir aussi la lettre à Jean Labadie, du 12 février 1936, *Mélanges*, p. 1541, approuvant les thèses de l'ouvrage : *Aux frontières de l'au-delà*. Voir enfin l'entretien avec Ét. Gilson en 1920, rapporté dans *Le philosophe et la théologie*, p. 182-184, et les propos sur la survie tenus devant J. Chevalier le 2 mars 1938 (*Entretiens...*, p. 279-280).

3. *Mélanges*, 6 janvier 1903, p. 580.

certainement à l'époque où il rend compte à l'Académie du livre de Delacroix, *Études d'histoire et de psychologie du mysticisme*, 30 janvier 1909[1]; où il félicite James de son article *A suggestion about mysticim*, 31 mars 1910[2]; où Benrubi note : « Il a étudié dernièrement le mysticisme de Mme Guyon[3] », 31 mai 1910; où Joseph Lotte l'entend parler de saint François, de saint Jean de la Croix, de sainte Thérèse, de Mme Guyon[4]; où le jeune Jean Wahl voyait sur sa table *Les torrents* de celle qui devait guider Fénelon jusqu'aux a maximes des saints[5] ».

Pareilles lectures devaient apprendre immédiatement à Bergson que l'essentiel de la vie mystique n'est pas dans les visions, les ravissements, les épisodes pathétiques, mais dans une union transformante au delà des phénomènes perçus par la conscience. A cet égard, on ne saurait trop insister sur le fait que Bergson, sans doute sous l'influence d'Henri Delacroix, a commencé par Mme Guyon. Il s'en félicitait, car, disait-il, « plus humaine », « plus proche de nous », elle l'avait préparé à comprendre les maîtres[6]. Précisons : elle l'avait préparé à comprendre ce qu'elle-même avait si bien compris dans l'expérience des maîtres : l'âme devenant une avec Dieu qui substitue sa volonté à la sienne. L'image même de « torrents » devait plaire au philosophe de l'élan vital : ne reconnaissait-il pas son énergie spirituelle dans l'« impétuosité étrange » qui avait dicté ce livre et qui découvrait sa spiritualité dans la présence active de Dieu transcendant tout concept, toute image, tout sentiment ?

1. Voir *infra*, p. 109-110.

2. 31 mars 1910, *Mélanges*, p. 817. L'article de James est recueilli dans *Collected Essays and Reviews*, New York, 1920.

3. Benrubi, *Souvenirs...*, p. 48.

4. *Bulletin Joseph Lotte*, mars 1940, p. 881.

5. Jean Wahl, Hommage solennel à Henri Bergson, dans Bulletin de la Société francaise de Philosophie, janvier-mars 1960, p. 51.

6. Cf. Ch. Du Bos, *Journal*, 1921-1923, p. 363-364; Sertillanges, *Avec Henri Bergson*, p. 23-24; J. Chevalier, *Entretiens...* p. 211, 233, 256. Sur la doctrine de Mme Guyon, voir L. Cognet, *Le crépuscule des mystiques*, Paris, Desclée, 1958. L'analyse des Torrents est particulièrement importante pour l'étude de Bergson (p. 71 *sq.*).

CHAPITRE V

LE CHRIST

UNE MÉTAPHYSIQUE HABITÉE

L'Évolution créatrice ne permettait pas d'aller plus loin que *L'Évolution créatrice*. Bergson lui-même ne pouvait trouver dans ce livre qu'un Dieu strictement cosmique, mais, au delà, rien de plus que des directions probables de pensée et des refus. Pour aller plus loin, il avait besoin de nouveaux faits, ceux qui apparaissent avec les « problèmes moraux ». Toutefois, sa façon de poser les « problèmes moraux » le tourne très vite vers cet ordre de faits qu'avait étudié son ami William James dans *Les variétés de l'expérience religieuse*.

Dès maintenant se précise l'originalité de la nouvelle théodicée.

Dans sa seconde lettre au P. de Tonquédec, parlant des recherches qui aboutiront aux *Deux sources*, Bergson disait : « Je ne suis pas sûr de jamais rien publier à ce sujet; je ne le ferai que si j'arrive à des résultats qui me paraissent aussi démontrables ou aussi *montrables* que ceux de mes autres travaux[1] ». Lorsqu'il est question d'existence, en effet, il s'agit moins de démontrer que de montrer. On ne démontre pas l'existence de Dieu, cette existence ne surgit pas dans la conclusion d'un raisonnement : on montre la présence de Dieu. « La vérité est qu'une existence ne peut être donnée que dans une expérience[2] ».

Dans le bergsonisme, cette expérience s'appelle intuition. La question qui se pose après *L'Évolution créatrice* est donc : « jusqu'où va l'intuition ? » Or, « elle seule pourra le dire. Elle ressaisit un fil : à elle de voir si ce

1. *Mélanges*, p. 964 ; le mot en italique est entre guillemets dans le texte.
2. *La pensée et le mouvant*, p. 61 (1292).

fil monte jusqu'au ciel ou s'arrête à quelque distance de la terre». Ces lignes portent la date de janvier 1922. Or, dès cette époque, Bergson est-il en possession des «résultats montrables» qui, dix ans plus tôt, ne représentaient qu'un espoir incertain? Ilcontinue: «Dans le premier cas, l'expérience métaphysique se reliera à celle des grands mystiques.» C'est seulement en juillet 1933 qu'il ajoute sur son manuscrit: «Nous croyons constater, pour notre part, que la vérité est là[1].» Bergson n'écrit pas: «Nous croyons que la vérité est là...»; mais: «nous croyons constater...». C'est bien ici le philosophe qui parle et il le peut parce que, méthodiquement établie, «la vérité est là». Toutefois, l'intervention des «grands mystiques» a exigé une certaine adaptation de la méthode au type d'expérience qui leur est propre: cette adaptation fait la nouveauté des *Deux sources* dans l'œuvre du philosophe et celle de sa théodicée dans l'histoire de la philosophie.

L'intuition peut-elle se dilater jusqu'à saisir l'élan vital à sa source? Peut-elle atteindre le Créateur qui rend l'évolution créatrice? Une telle intuition, si elle existe, est ce que l'on appelle l'intuition mystique. Mais pareille intuition ne nous fait-elle pas sortir de la philosophie?

De quelle philosophie? Là est justement la question.

On ne comprendrait pas la pensée de Bergson sur la religion si l'on ne commençait par rappeler un de ses plus audacieux défis: à une époque où il est entendu que positif signifie relatif, la «métaphysique positive» se présente comme découverte de l'absolu. De fait, puisque le réel est immédiatement donné dans l'intuition de la durée, on ne voit vraiment pas à quoi cette connaissance pourrait être dite relative: c'est donc qu'elle atteint l'absolu.

1. *Ibidem.* Texte contrôlé sur une dactylographie où l'auteur a daté ses corrections. Précisons cette indication. *La pensée et le mouvant* est le titre à la fois d'un recueil d'articles publié par Bergson en 1934 et d'une longue étude, qui sert d'Introduction au recueil, elle-même datée: «janvier 1922». Or, sous cette date une note: «Cet essai a été terminé en 1922. Nous y avons simplement ajouté quelques pages relatives aux théories physiques actuelles. A cette date, nous n'étions pas encore en possession complète des résultats que nous avons exposés dans notre récent ouvrage: *Les deux sources de la morale et de la religion*, Paris, 1932. Ceci expliquera les dernières lignes du présent essai.» (p. 113; p. 1330). Au moment où j'achevai cet ouvrage, Melle Jeanne Bergson me remettait des textes dactylographiés de *La pensée et le mouvant*, version de 1922; ces textes sont aujourd'hui dans le Fonds Bergson de la Bibliothèque Doucet. Or, ils contiennent des retouches de la main de Bergson, datées par lui. Le morceau que je cite est de juillet 1933; il a donc été écrit peu après la publication des *Deux sources*. Bergson, en 1934, a cru pouvoir maintenir la date «janvier 1922» lorsqu'il publie l'étude sur «la pensée et le mouvement» en introduction au recueil qui reprend ce titre. Dans sa perspective, les corrections et additions de 1933 n'introduisent pas vraiment dans son texte ce qu'il aurait dit s'il avait alors voulu aller jusqu'aux «résultats» qui, dans *Les deux sources*, marquent une nouvelle étape de son itinéraire métaphysique. Cela reconnu, c'est tout de même l'auteur des *Deux sources* qui relit son texte de 1922, la plume à la main.

Ce n'est point par hasard que le mot « intuition » reçoit explicitement son affectation bergsonienne dans un écrit destiné à libérer la métaphysique du criticisme kantien[1]. *La critique de la raison pure* interdit à notre esprit la connaissance des *noumènes*, c'est-à-dire des choses dont l'être est percu par un *nous*; il nous faudrait, en effet, une intuition intellectuelle pour intuitionner des intelligibles; or, pareille faculté nous manque : c'est pourquoi la pensée humaine pense les choses telles qu'elles lui apparaissent et non telles qu'elles subsistent « en soi ». Tout ceci est vrai, selon Bergson, si, « en soi », les choses sont bien des intelligibles : mais il n'y a là qu'un postulat platonicien. Si, « en soi », les choses durent, leur être est précisément ce qu'un *nous* ne saurait percevoir; il n'y a point d'intelligibles à intuitionner; la question de l'intuition intellectuelle ne se pose plus : quand une intuition touche l'être en saisissant le devenir, elle ne peut pas être intellectuelle. Ainsi, la distinction des *noumènes* et des *phénomènes* disparaît lorsque les premiers sont restitués à leur inventeur, l'auteur du *Timée*[2].

En choisissant le mot « intuition » pour la conscience de la durée, Bergson entend affirmer que la critique kantienne de la connaissance ne survit pas à l'ontologie platonicienne. La connaissance intellectuelle est toujours relative à nos moyens de connaître : elle ne peut donc saisir l'absolu si celui-ci est conçu comme un être intelligible dont l'intelligibilité relèverait de la connaissance intellectuelle. Mais si les Idées perdent leur majuscule? Si l'être est durée de sorte que les Formes immobiles et intemporelles ne sont plus que les modèles abstraits d'une pensée en série? *La critique de la raison pure* fut écrite dans un coin de la caverne platonicienne : la relativité de la connaissance y est définie par rapport à des essences inaccessibles. Le bergsonisme inclut une critique de la *Critique* qui définit cette relativité par rapport aux besoins de l'action et qui rend compte de la raison pure par son usage pratique. Cessons donc d'être platoniciens et nous n'aurons plus la tentation d'être kantiens. « … Mais il faut s'habituer à penser l'Être directement… Il faut tâcher ici de voir pour voir, et non plus de voir pour agir. Alors, l'Absolu se révèle très près de nous et, dans une certaine mesure, en nous[3] ».

Bergson continue : « Il est d'essence psychologique et non pas mathématique ou logique. Il vit avec nous. Comme nous, mais, par certains côtés, infiniment plus concentré et plus ramassé sur lui-même, il dure. » Ces

1. *Introduction à la métaphysique*, article publié en 1903, dans la *Revue de Métaphysique*; voir la note ajoutée en tête de l'article reproduit dans *La pensée et le mouvant*.

2. Le mot *noumène* vient de *Timée*, 51 *d*. Sur la critique bergsonienne du kantisme, voir *Introduction à la métaphysique*, *ouv. cit.*, p. 245-255 (1424-1432).

3. *Évolution créatrice*, p. 323 (747).

lignes du troisième ouvrage sont particulièrement importantes dans la préhistoire du quatrième. L'Absolu, c'est l'être qui dure dans ma conscience et hors de ma conscience, dans le moi des *Données immédiates* et dans l'univers de *L'Évolution créatrice* : les majuscules mises par Bergson à Être et à Absolu signifient sans doute que ces mots renvoient aussi au « centre de jaillissement » pour lequel il a repris celui de Dieu. C'est donc en lui laissant la possibilité d'exprimer notre union à Celui « qui a fait le monde et tout ce qu'il renferme » que la philosophie nouvelle annexe la parole de saint Paul : « Dans l'absolu nous sommes, nous circulons et vivons[1] ».

Le relativisme kantien ne pouvait conduire qu'à une « religion dans les limites de la simple raison »[2]. Mais quand la philosophie ne se tient pas elle-même dans les limites de la simple raison, qu'est-ce qui empêcherait la religion de les franchir ? Les sciences de la vie ne parlent vraiment de la vie qu'avec le secours d'une intuition qui opère hors de la zone où l'entendement taille et retaille ses concepts. Au niveau de la philosophie de la nature, l'intuition de la durée découvre l'Absolu dans mon être et mon être dans l'Absolu. Ce n'est ni contredire la science ni sortir de la philosophie que de demander quelles sont les limites de l'intuition ou même si l'intuition a des limites.

Rien n'empêche l'intuition mystique de soumettre ses certitudes au consentement du philosophe de l'*Introduction à la métaphysique*. Mais à quelles conditions pourra-t-elle être reçue dans sa philosophie ? Une fois encore, continuité et discontinuité doivent être perçues en même temps pour définir ce moment du bergsonisme. L'intuition mystique, en un sens, est, suprêmement dilatée, l'intuition de la durée expérimentée à ses divers niveaux dans la philosophie de la nature ; mais, en un autre sens, cette suprême dilatation crée entre cette intuition et celles de la philosophie de la nature une rupture correspondant à ce que, dans leur langage, des théologiens appelleraient le sur-naturel.

Admettons la continuité. Une constatation la corrige aussitôt : l'intuition mystique est un fait exceptionnel. Si, dans la perspective bergsonienne, c'est toujours de la même intuition qu'il s'agit, il reste que pareille « dilatation » est rare et qu'il n'y a aucune méthode permettant de la provoquer. *Les données immédiates* expliquent comment obtenir l'intuition du moi qui dure et *L'Évolution créatrice*, celle du monde qui

1. *Ibidem*, p. 217 (664). Cf. Saint Paul, *Actes des Apôtres*, XVII, 28 : « Car c'est en Lui que nous avons la vie, le mouvement et l'être. » Il est permis de penser qu'en écrivant le texte de la page 323 sur l'« Absolu » très près de nous », Bergson pensait au verset précédent : « quoiqu'il ne soit pas loin de chacun de nous, car c'est en Lui… ».

2. Kant, *Die Religion innerhalb der Grenzen der blossen Vernunft*, 1793.

dure; ce sont là des modes de pensée accessibles à tous et chaque lecteur peut revivre ce que le texte suggère. *Les deux sources* ne sauraient nous dire comment obtenir l'intuition de Dieu; aucune philosophie, pas même celle de l'ouvrage, n'apprend à devenir mystique. Bien plus: Henri Bergson n'est pas un mystique, il ne connaît pas personnellement ces révélations intérieures qui pourtant fondent sa théodicée.

Il se produit donc un étonnant renversement méthodologique: l'intuition bergsonienne ne s'épuise pas dans l'intuition d'Henri Bergson; le bergsonisme continue à travers des expériences que le philosophe ne trouve pas dans son expérience. Le métaphysicien convoque les témoins de Dieu; ce qui constitue une métaphysique d'un type nouveau.

Si la métaphysique se fonde sur des témoignages, sa méthode inclut la critique des témoignages. Et de quels témoignages! des témoignages sur Dieu! Quand Bergson consulte les «grands mystiques», la valeur de la consultation dépend entièrement de ce que représente l'adjectif. Il s'agit, certes, de distinguer le mystique authentique de son sosie sans génie: mais la distinction est faite ici en vue de traiter l'expérience du premier comme touchant le réel et signifiant une vérité. Distinguer un mysticisme authentique des délires à coloration mystique, les psychologues le font déjà au niveau d'une psychologie qui se voudrait simplement descriptive. Nous ne sommes plus au temps où Taine pouvait écrire: «Plotin prétendait avoir vu Dieu quatre fois. Les femmes de la Salpêtrière en disent autant. Pauvre Dieu et pauvres femmes[1]!» En janvier 1901, Bergson rend compte à l'Académie d'un livre qui l'a particulièrement intéressé, celui qu'Henri Delacroix vient de consacrer à sainte Thérèse d'Avila, à Mme Guyon et à Suso[2]. Il en retient plusieurs idées qui vont cheminer dans sa pensée sous l'influence d'une intention différente: là où le psychologue constate une forme supérieure de la vie mentale, le philosophe cherche, puis reconnaît une révélation métaphysique.

Dans *Études d'histoire et de psychologie du mysticisme*, Bergson trouve d'abord la grandeur qui fait «les grands mystiques»: Delacroix les distingue des «mystiques d'imitation» parce qu'ils sont «créateurs et inventeurs». D'autre part, le philosophe relève l'idée d'une mystique à définir par delà les mystiques qui sont toujours d'un certain temps, d'un certain milieu culturel, etc... Il reconnaît, en outre, comme essentielle à cette mystique une certaine participation à l'absolu, source de cette spontanéité créatrice à laquelle se mesure la grandeur humaine. Enfin, il remarque que «chez les grands mystiques chrétiens, la contemplation ne

1. *Les philosophes francais du XIXe siècle*, 2e éd. 1860, p. 70.

2. *Rapport sur un ouvrage d'Henri Delacroix*... (Académie des Sciences morales...), 30 janvier 1909, dans *Mélanges*, p. 788-790.

tue pas l'action, au contraire... » Ces thèmes et les formules qui les expriment entreront dans le bergsonisme, mais avec une signification et une portée tout à fait nouvelles; on ne demande pas simplement à la psychologie comparée de dévoiler, à son niveau, une certaine essence du mysticisme; la psychologie n'étant pas ici distincte de la métaphysique, l'analyse justifie en même temps qu'elle définit l'intention commune aux diverses expériences : la vraie mystique est aussi mystique vraie. Et, bien entendu, cette vérité apparaît telle à l'intérieur de la métaphysique qui commence avec l'intuition de la durée et qui continue dans la cosmologie de l'évolution.

Le philosophe n'est donc plus seul dans sa philosophie. Sans doute, tous ne sont pas comme Descartes soucieux et heureux de se sentir l'unique auteur de leur œuvre. Auguste Comte installe ses prédécesseurs à l'intérieur de son système. Malebranche fait appel à des « moniteurs » : saint Augustin et Descartes sont des guides toujours présents à une pensée qui avait besoin de leur enseignement pour les dépasser. Maine de Biran ne rassemble ses idées qu'en discutant; il sollicite des interlocuteurs, voire des intercesseurs; dès qu'il prend la plume, des textes de Descartes ou de Condillac provoquent son intelligence, Rousseau ou Fénelon l'aident à se comprendre lui-même. Mais, dans tous ces cas, il s'agit du dialogue avec les philosophes qui unit chaque philosophie à l'histoire de la philosophie, union qui s'exprime jusque dans les désaccords. Le dernier chapitre de *L'Évolution créatrice* montre comment Bergson continue, a sa manière, une très ancienne tradition. C'est bien autre chose qui apparaît avec *Les deux sources*. Ce que, semble-t-il, on n'avait pas encore vu, c'est un métaphysicien appelant en consultation des hommes et des femmes favorisés d'intuitions qu'il ne connaît pas et n'a aucun moyen de connaître, intuitions sans lesquelles sa métaphysique n'avancerait plus. Bergson donne la parole aux témoins du Dieu qui lui demeure caché, et cette parole doit devenir vérité bergsonienne.

C'est dire que Bergson nous conduit dans une métaphysique habitée. Mais les néo-platoniciens, les sages bouddhistes, les prophètes juifs, les mystiques chrétiens n'y sont bien que des habitants : ils racontent, chacun à leur manière, leur expérience : au métaphysicien de la déchiffrer. Le chiffre est évidemment fourni par la métaphysique de celui qui interroge, non par la métaphysique de ceux qui sont interrogés, même si elle est fortement élaborée. Lorsqu'il est Plotin ou saint Jean de la Croix, le témoin fait la philosophie de son expérience en la décrivant; mais cette philosophie appartient à ce qui, dans son témoignage, dépend de l'époque, de la culture, des dispositions individuelles. La synthèse que le génie de Plotin opère à partir du platonisme, de l'aristotélisme et du stoïcisme, les cadres de la théologie et de l'anthropologie thomistes à travers lesquels Jean de la Croix pense sa vie spirituelle, ce sont là des manières de concevoir et de parler qui portent la date de leurs écrits. Bergson doit donc purifier les témoignages mystiques de leur philosophie originelle pour en exprimer le sens bergsonien.

Ce qui conduit Bergson à s'attacher aux « grands mystiques », à s'interroger sur les raisons de leur grandeur, à les introduire comme témoins du spirituel dans sa théodicée, c'est le bergsonisme lui-même. *Les variétés de l'expérience religieuse* ont pu, sinon lui révéler l'existence d'une *terra incognita*, du moins l'amener à supposer que cette terre serait peut-être moins inconnue si l'on avait vraiment essayé de la connaître. Des ouvrages comme ceux d'Henri Delacroix ont pu lui montrer que les sommets n'étaient pas inaccessibles, qu'une psychologie scientifique et, par conséquent, profane, était capable, même ici, de décrire, classer, voire apprécier la hauteur. Mais ces lectures appartiennent, rétrospectivement, à la préhistoire des *Deux sources*, parce qu'à un certain moment de son développement, la philosophie de l'élan créateur s'est trouvée en face des faits qu'elles apportaient et commentaient.

Devant ces faits, le bergsonisme continue.

De la première à la dernière page, le bergsonisme est une critique de la raison dans son effort pour penser le spirituel ; à mesure que l'intuition de la durée se dilate, la polémique garantit ses droits ; dans chacun de ses livres, Bergson s'applique à dépister les abus des sciences qui s'approchent de l'esprit avec l'outillage et l'idéal des sciences de la matière. Mais sa critique est toujours une mise au point plutôt qu'un refus ; il entend marquer des limites et montrer expérimentalement que le fait spirituel est encore au delà de ces limites.

Dans *Les données immédiates*, la qualité échappe à la psycho-physique. Dans *Matière et mémoire*, le souvenir échappe à la psycho-physiologie. Dans *L'Évolution créatrice*, l'évolution échappe à l'évolutionisme des naturalistes. De même, dans *Les deux sources*, la vie morale échappe à la sociologie et le mysticisme authentique à la psycho-pathologie. Mais, dans le dernier livre comme dans les précédents, il n'est pas question de créer avec l'esprit une sorte de domaine réservé, inaccessible à la connaissance positive : on prétend simplement que, pour rester positive, la connaissance doit ici se modeler sur la réalité qu'elle étudie. Une science cesse d'être scientifique quand elle devient abusive, et elle devient abusive quand elle prend un phénomène pour un autre. La philosophie des *Deux sources* laisse la part belle à la psycho-pathologie et surtout à la sociologie : mais l'élan vital épanoui en énergie spirituelle n'est pas de l'ordre des faits sociologiques ni des faits psycho-pathologiques.

Cette démarche à la fois positive et polémique n'est que l'expression méthodologique du dualisme fondamental qu'approfondit la métaphysique bergsonienne. La durée et l'espace-temps, la qualité et la quantité, l'esprit et la matière, la création et la causalité, la vie qui monte et la vie qui s'éteint, voilà ce qui, dans la réalité, fonde la légitimité et explique les abus des sciences qui se constituent dans la seconde direction. Comme son titre l'indique, ce dualisme continue dans le dernier livre. Toutefois, s'il y a deux sources de la morale et deux sources de la religion, la morale close et la morale ouverte, la religion statique et la religion dynamique ne font pas quatre formes de l'existence humaine, mais trois : morale ouverte et religion dynamique ne constituent qu'une seule voie, celle qu'à la fin du premier chapitre, en conclusion de ses réflexions sur l'obligation, Bergson appelle déjà : « la voie de la mysticité [1] », celle où, dès *L'Énergie spirituelle*, il avait rencontré le « créateur par excellence ».

« Créateur par excellence est celui dont l'action, intense elle-même, est capable d'intensifier aussi l'action des autres hommes… » Ces lignes et leur contexte que remplit la philosophie de l'élan vital posent le critère bergsonien qui oriente et fonde la critique des témoignages. Critère qui discerne le mysticisme authentique : le délire à coloration religieuse coupe le malade du monde, en fait un être inadapté, sans efficacité; au contraire, « qu'on pense à ce qu'accomplirent, dans le domaine de l'action, un saint Paul, une sainte Thérèse, une sainte Catherine de Sienne, un saint François, une Jeanne d'Arc… [2] ».

Critère qui, entre les mysticismes authentiques, prescrit une hiérarchie: si élevée soit-elle, la contemplation ne peut être le terme de l'itinéraire; que l'intuition se dilate jusqu'à devenir union au principe même de l'être et qu'alors l'âme se repose en elle, la coïncidence n'est pas encore parfaite si l'être est vie et le principe, Dieu vivant; dans une philosophie de l'élan créateur, l'« union est totale » quand la présence de Dieu se manifeste dans la puissance créatrice de l'élu. « Le mysticisme complet est action [3] ».

1. *Les deux sources*…, p. 99 (1057).

2. *Ibidem*, p. 243 (1168). Bergson précise la raison pour laquelle il cite le « cas de Jeanne d'Arc » : il a voulu ajouter un mystique chrétien en qui l'énergie ne s'est pas employée à la propagation du Christianisme; cette exception « suffirait à montrer que la forme est séparable de la matière ». Le P. Penido traduit : la « forme », c'est le mysticisme; le « contenu », c'est le Christianisme; le « mysticisme est donc séparable du Christianisme » et nous sommes dans un « pragmatisme » (*Dieu dans le bergsonisme*, p. 223, n. 2). Nous dirions plutôt : la « forme », c'est le mysticisme complet qui, en fait, dans l'histoire humaine, est toujours le mysticisme chrétien; la « matière », c'est la signification patriotique de l'action considérée comme une mission dictée d'en haut.

3. *Ibidem*, p. 242 (1167).

UNE PHILOSOPHIE DU CHRISTIANISME

Voilà donc Bergson équipé, si l'on peut dire, par le bergsonisme pour écrire la seconde partie de l'« évolution créatrice », celle qui se joue dans l'histoire des hommes.

A tort ou à raison, il constate dans les prophètes d'Israël une certaine déficience de la contemplation. Ce ne sont pas des mystiques : ce sont de grands actifs, interprètes d'un Dieu national et mus par la passion de la justice, non apôtres d'une charité dont le dynamisme peut animer une religion universelle. Efficace et bienfaisante, leur action ne jaillit pas d'une intuition la faisant participer à l'Amour créateur[1].

A tort ou à raison, il trouve, au contraire, dans le mysticisme grec et le mysticisme oriental, un certain discrédit de l'action: primauté de la contemplation dans la philosophie de Plotin, « évasion de la vie » dans l'ascèse des hindous, voilà ce qui arrête le philosophe de l'élan vital et, en dépit de son admiration, l'empêche de reconnaître ici un « mysticisme complet », surtout après avoir rencontré « les grands mystiques chrétiens » aux « activités surabondantes[2] ».

On remarquera le parallélisme entre les deux parties de l'histoire unique qui se déroule de *L'Évolution créatrice* aux *Deux sources*.

Dans la première, la création des espèces aboutit à celle de l'homme qui « brise la chaîne », libérant la liberté avec la conscience et transformant les individus en invités à l'invention; c'est pourquoi cette rupture justifiait une espèce de finalité anthropocentrique dans la vision rétrospective de l'histoire naturelle. Dans la seconde, même rupture et même finalisation rétrospectiver. En devenant action, le mysticisme complet brise des résistances qui tiennent plus ou moins directement à la présence de la matière, intelligence qui se prend pour fin dans la philosophie grecque, pessimisme oriental d'une pensée à qui le machinisme n'a pas encore révélé son pouvoir illimité sur la nature; c'est pourquoi, avec les mystiques chrétiens,

1. *Les deux sources*..., p. 257 (1179) : « Nous hésitons, déclare-t-il, à classer les prophètes juifs parmi les mystiques de l'antiquité. » M. Ph. Merlan croit trouver trace de cette hésitation dans un détail assez curieux en effet : dans la table des matières, le texte sur les Prophètes se trouve annoncé entre le mysticisme oriental et le Christianisme; dans le corps du chapitre, le paragraphe qui les concerne suit le paragraphe sur Jésus. (*Le problème de l'irrationalisme* dans « Les deux sources » de Bergson, dans *Revue philosophique*, juillet-septembre 1959, p. 314, n. 2). En fait, dans son chapitre, Bergson suit l'ordre des idées, de ses idées : par rapport aux autres mystiques, les contemplatifs de la Grèce et de l'Inde, Jésus qui n'est pas historiquement leur continuateur, qui ne leur doit rien, représente le mysticisme complet; mais, quand on pense à ceux dont il est historiquement le continuateur et à qui il doit son sens de l'action, on constate qu'il est ce qu'ils n'étaient pas, un mystique. Dans sa table, Bergson a retabli l'ordre chronologique.

2. *Ibidem*, p. 230-243 (1159-1168).

tout change; « se ramassant sur eux-mêmes pour se tendre dans un tout nouvel effort, ils ont rompu une digue; un immense courant de vie les a ressaisis : de leur vitalité accrue s'est dégagée une energie, une audace, une puissance de conception et de réalisation extraordinaires[1] ». Ici comme dans le précédent ouvrage, c'est une certaine discontinuité dans le cours de l'histoire qui permet après coup d'apercevoir une continuité : tout se passe comme si les mystiques incomplètes étaient des esquisses de celle qui sera complète : « C'est son apparition à un moment précis qui nous fait assister rétrospectivement à sa préparation, comme le volcan qui surgit tout d'un coup éclaire dans le passé une longue série de tremblements de terre[2] ».

Quand la cosmologie évoque un univers où l'élan créateur multiplierait les mondes, cette pluralité postule l'unité originelle d'un « centre de jaillissement ». A la page de *L'Évolution créatrice* où le mot Dieu apparaît pour la première fois dans le bergsonisme correspond dans *Les deux sources* celle où, pour l'unique fois, sera prononcé le nom du Christ. Ici et là, le lecteur est surpris : comment peut-on dire si rapidement des choses si importantes ? il y a un contraste presque inquiétant entre le volume et le poids des textes. C'est que l'un et l'autre marquent le terme d'un long mouvement et n'ont de sens qu'au terme de ce mouvement : il faut considérer toute l'histoire naturelle de la vie dans l'univers pour poser Dieu, toute l'histoire spirituelle de la vie dans l'humanité pour reconnaître le Christ. Dans les deux parties de cette même histoire, la philosophie requiert un principe qui soit un absolu et une source.

Là s'arrête le parallélisme, car Dieu est origine, le Christ est commencement; qu'il soit transcendant ou immanent à l'histoire, Dieu n'est pas historique, ce qu'est le Christ qui apparaît dans l'histoire. Dieu crée par son être, le Christ par son exemple. Enfin, si l'on peut ainsi parler : Dieu se trouve en allant jusqu'au bout de l'histoire naturelle de la vie, et le Christ, en allant jusqu'au bout de son histoire spirituelle : mais ce sont deux extrémités opposées, celle d'où tout jaillit et celle où tout s'accomplit.

La théorie de Bergson prend forme au point où ces deux extrêmes se touchent.

L'histoire de l'élan vital se poursuit donc à travers les plus hautes expériences spirituelles de la Grèce, de l'Orient, du Judaïsme, du Christianisme : la philosophie de l'évolution créatrice les éclaire de l'intérieur, au delà des systèmes d'idées et d'images qui tiennent à leur expression historique; elle purifie les témoignages de leur métaphysique originelle, elle exprime leur signification dans le bergsonisme, elle les hiérarchise en

1. *Ibidem*, p. 243 (1168).
2. *Ibidem*, p. 242 (1168).

fonction de critères bergsoniens; c'est dans une vision essentiellement bergsonienne du monde que, sous les formes les plus diverses, de saint Paul à Jeanne d'Arc, les «héros» du Christianisme représentent le mysticisme complet. Mais ces derniers mots ne posent pas une étiquette sur un concept; le philosophe n'a cessé d'être en présence de personnes réelles et de viser ce qu'il y avait en elles de plus personnel; son travail d'analyse et d'interprétation ne projette pas une notion abstraite au-dessus des cas concrets : il saisit dans la profondeur des consciences individuelles le reflet du mystique-modèle, il dessine le schéma du mystique-parfait que chaque expérience postule et qu'aucune ne remplit. Or, que le mystique-modèle ait existé, que Bergson découvre dans l'histoire ce mystique-parfait, c'est là ce qu'il convient d'expliquer.

Dans le contexte de la métaphysique bergsonienne, le mysticisme définit la vocation de tous les hommes. Si leur humanité est dans leur capacité d'invention et si cette capacité signifie la présence en eux de la puissance cosmique d'invention, la possibilité de l'intuition qui remonte jusqu'au principe originel est dans leur être même, elle coïncide avec l'exigence de création qui est l'âme de leur âme. Ce qui est étonnant dans cette perspective, ce n'est pas qu'il y ait des mystiques, c'est que tous les hommes n'en soient pas. Cet étonnement semble bien être ce qui fait le mysticisme complet, celui qui est action : l'âme unie à Dieu ne peut plus supporter que les autres ne soient pas comme elle et elle ne vit plus que pour aider ses semblables à devenir vraiment semblables à elle.

Il y a dans *Les deux sources* une page capitale sur ce que Bergson appelle «l'amour mystique de l'humanité[1]». Il est, écrit-il, «d'essence métaphysique encore plus que morale» et, en effet, la métaphysique bergsonienne va éclairer cette essence : «Sa direction est celle même de l'élan de vie; il est cet élan même, communiqué intégralement à des hommes privilégiés qui voudraient l'imprimer alors à l'humanité entière et, par une contradiction réalisée, convertir en effort créateur cette chose créée qu'est une espèce, faire un mouvement de ce qui est par définition un arrêt.» C'est bien là «parachever la création de l'espèce humaine» telle que l'avait définie l'anthropologie de *L'Évolution créatrice*. L'amour de l'humanité voudrait qu'en elle l'action des individus déborde la forme de l'espèce et, parce qu'il est mystique, il sait que cet idéal est possible par l'union toujours plus intime au principe vivant de la vie. Il voudrait, écrit encore Bergson, «faire de l'humanité ce qu'elle eût été tout de suite si...».

Hypothèse d'un amour si grand qu'il s'étonne de ne pas trouver dans l'histoire les hommes conformes à l'humanité selon sa nature, hypothèse que la métaphysique bergsonienne justifie en expliquant pourquoi elle

1. *Les deux sources*..., p. 250-251 (1174).

n'est qu'une hypothèse. Le texte dit : « ...ce qu'elle eût été tout de suite si elle avait pu se constituer définitivement sans l'aide de l'homme lui-même ». Un peu plus loin, nous lisons sur les mystiques : « L'élan d'amour qui les portait à élever l'humanité jusqu'à Dieu et à parfaire la création divine ne pouvait aboutir, à leurs yeux, qu'avec l'aide de Dieu dont ils étaient les instruments[1]. » Les deux phrases ne se contredisent pas : la seconde exprime le point de vue des mystiques chrétiens et, d'autre part, dans le contexte de la métaphysique bergsonienne, elle est aussi juste que la première : « avec l'aide de l'homme » qui se réalise dans l'union à Dieu, « avec l'aide de Dieu » dont l'homme est l'instrument, les deux formules expriment la même condition et relèvent de la même explication : le contraste entre l'histoire et la nature a sa raison dans l'histoire de la nature.

« L'homme doit gagner son pain à la sueur de son front ». Pourquoi ? Dans la Genèse, cette malédiction est la suite d'un péché[2] ; ici, c'est une nécessité imposée par les servitudes de la vie dans le monde : « ...en d'autres termes, continue Bergson, l'humanité est une espèce animale, soumise comme telle à la loi qui régit le monde animal... » Cette « loi », le lecteur de *L'Évolution créatrice* la connaît bien : l'élan vital use de son élan et aussi use son élan à lutter pour la vie ; la matérialité résiste à tous les niveaux ; l'homme est homme par l'intelligence qui « lui fournit des armes et des outils en vue de cette lutte » ; il commence donc par aller au plus urgent, la maîtrise et possession de la nature. « Comment, dans ces conditions, l'humanité tournerait-elle vers le ciel une attention essentiellement fixée sur la terre ? » Ainsi, la raison qui expliquait pourquoi les sciences de la matière ont pris une telle avance sur les sciences de l'esprit[3], cette même raison explique pourquoi la pression de la vie matérielle a refoulé l'aspiration de la vie spirituelle. Par suite, moins la pression sera forte, plus l'aspiration sera aisée : l'hymne de *L'Évolution créatrice* à l'intelligence technicienne qui libère l'homme s'achève dans *Les deux sources* en une apologie du machinisme comme condition existentielle du mysticisme[4].

La vocation mystique est donc bien dans la nature de l'homme, mais il est dans la nature du monde où vit l'homme de la refouler : c'est pourquoi il y a une histoire du spirituel. Le cerveau humain apparaît à un certain moment dans l'histoire de la vie : à l'origine de notre histoire il y a donc celle de la vie avec son combat pour la conscience et la liberté. Ce qui condamne l'homme à l'historicité, ce n'est pas une chute mais une

1. *Ibidem*, p. 253 (1176).

2. *Genèse*, III, 19 ; *Les deux sources...*, p. 251 (1175).

3. *Fantômes de vivants...*, dans *Énergie spirituelle*, p. 74-76 (867-869) et p. 85-87 (875-877).

4. *Les deux sources...*, p. 252 (1176) ; cf. p. 241-242 (1167) et 329-338 (1234-1241).

irrésistible volonté de monter; il n'y a pas de paradis perdu mais un paradis à perdre si on ne sait le trouver; l'homme n'est pas un dieu déchu qui se souvient des cieux mais il sera dieu quand il pourra oublier la terre. La philosophie de *L'Évolution créatrice* explique ce qui « a empêché la création d'une humanité divine [1] »; celle des *Deux sources*, comment les mystiques sont « les hommes qui ont rendu l'humanité divine [2] » : « leur but ne serait atteint que s'il y avait finalement ce qui aurait dû théoriquement exister à l'origine, une humanité divine [3] »; celle-ci serait « une assemblée de dieux où tout serait élan créateur [4] » : la « déification [5] » est la vie intégrale dans le mysticisme complet. Bien qu'elle soit le mot de la fin, c'est une idée courante dans le bergsonisme que répète la célèbre formule sur « la fonction essentielle de l'univers, qui est une machine à faire des dieux [6] ».

Telle est la perspective que le philosophe a lui-même ouverte pour situer sa rencontre avec le Christ [7].

« Mysticisme et Christianisme se conditionnent donc l'un l'autre, indéfiniment. » C'est-à-dire : le mysticisme n'est pas telle ou telle religion; il n'est même pas, à parler exactement, une religion : il représente un certain mode de l'existence humaine défini par la métaphysique bergsonienne; mais il se trouve qu'historiquement il s'est réalisé complètement à l'intérieur du Christianisme. De là une solidarité de fait.

« ... Il faut pourtant bien qu'il y ait eu un commencement... » C'est-à-dire : par le Christianisme auquel il est uni, le mysticisme complet se trouve lié à une histoire et à une histoire qui est faite par des personnes. La réalité historique, c'est l'énergie spirituelle en travail, ce sont les mystiques chrétiens en qui l'« illumination » est aussi « foi qui soulève les mon-

1. *Ibidem*, p. 251 (1175).
2. *Ibidem*, p. 67 (1033).
3. *Ibidem*, p. 256 (1178).
4. *Ibidem*, p. 85 (1047). Faut-il rappeler ici : *Psaumes*, 82 (Vulgate, 81) notamment 1 et 6? « Dieu se tient dans l'assemblée divine, au milieu des dieux il juge... » J'avais dit : « Vous êtes des dieux, et vous êtes tous des fils du Très-Haut ! ».
5. *Ibidem*, p. 263 (1184).
6. *Ibidem*, p. 343. A la fin de l'article : *L'Univers, une machine à faire des dieux*, M. Edmond Rocheblave écrit très justement : « L'expression est pittoresque, mais elle ne cadre pas avec l'ensemble du livre » (*Revue de Théologie et de Philosophie*, Lausanne, 1932, p. 190). Précisons : ce qui gêne, ce n'est pas « des dieux » mais « machine ». Ce mot appelle, au premier abord, le contexte de la religion statique et de la fonction fabulatrice. En fait, il faut le comprendre, au contraire, dans le contexte de la religion dynamique appelant tous les hommes à la divinisation. C'est une variante mystique de la formule trouvée dans le compte rendu des *Gifford Lectures* et citée plus haut, p. 96. Voir aussi : J. Chevalier, *Entretiens*... p. 151-152.
7. *Ibidem*, p. 256 (1178-1179).

tagnes » : chercher le commencement, c'est se demander de qui est venu l'exemple qui fit ceux-ci exemplaires.

« Par le fait… » ce ne peut être, en effet, qu'une question de fait, « à l'origine du Christianisme, il y a le Christ. » Ce nom soulève aussitôt, semble-t-il, le problème théologique de l'Incarnation et le problème historique de l'existence de Jésus… « Nous n'avons pas à nous poser ici de tels problèmes. » Bergson ne dit pas qu'ils ne se posent pas ailleurs, mais ce qu'il va dire ici comme philosophe reste vrai quelle que soit la solution qu'on leur donne ailleurs.

« Du point de vue où nous nous plaçons, et d'où apparaît la divinité de tous les hommes, il importe peu que le Christ s'appelle ou ne s'appelle pas un homme. » S'il y a dans la nature de l'homme une exigence de déification, l'idée limite d'un homme-dieu est une notion philosophique et n'inclut aucun mystère : parler de la divinité du Christ ou de sa parfaite humanité « importe peu ». On ne trahirait pas la pensée de Bergson en disant : l'humanité du Christ est tellement parfaite qu'il faut maintenant écrire Dieu, et sa divinité tellement réelle qu'il faut aussi écrire Homme. La métaphysique de l'évolution créatrice aboutit à un Homme-Dieu sans avoir à se poser le problème du Dieu-Homme.

« Il n'importe même pas qu'il s'appelle le Christ. Ceux qui sont allés jusqu'à nier l'existence de Jésus n'empêcheront pas le Sermon sur la Montagne de figurer dans l'Évangile, avec d'autres divines paroles. A l'auteur on donnera le nom qu'on voudra, on ne fera pas qu'il n'y ait pas eu d'auteur. » A ce commencement que cherche le philosophe dans l'histoire des mystiques chrétiens, il y a des paroles qui agissent parce qu'elles furent des actes qui parlent : peu importent les circonstances mais ce autour de quoi se tiennent les *circum-stantia*. Il y a quelqu'un, serait-il sans état civil : « le Christ des Évangiles » existe, même s'il ne doit jamais être qu'un mystique inconnu.

« Disons simplement, conclut Bergson, que, si les grands mystiques sont bien tels que nous les avons décrits, ils se trouvent être des imitateurs et des continuateurs originaux, mais incomplets, de ce que fut complètement le Christ des Évangiles. » C'est donc bien le philosophe qui rencontre le Christ et il ne peut le rencontrer qu'à l'intérieur de sa philosophie. Cette philosophie a convoqué les mystiques chrétiens ; elle a traité leurs témoignages selon la méthode comparative, elle les a analysés et interprétés sous la lumière qui éclaire la vision bergsonienne du monde : si c'est vraiment leur vérité métaphysique qui fut ainsi mise à jour, elle découvre celle de l'expérience qui a tout inspiré. « Le Christ des Évangiles » est philosophiquement l'Absolu mystique ; pour le reconnaître tel, aucun acte de foi n'est requis : il suffit d'être bergsonien ; le reconnaître tel n'implique adhésion à aucune religion constituée : cela signifie seulement que l'on continue à être bergsonien jusqu'à la fin de cette page[1].

Cette page introduit donc dans la théodicée un Absolu mystique. C'est pourquoi il n'y a pas à se demander si, un jour, le Christ ne sera pas lui-même dépassé[2]. Quand elle est créatrice, l'évolution inclut l'idée de commencement radical. Avec celui qui est au commencement de la mystique chrétienne, il se produit ce qui s'est produit avec l'avènement de l'homme. Tant qu'il y a soumission de l'animal à la nature, il y a des degrés d'adaptation : l'animal tire plus ou moins sur la corde : mais l'homme la brise : cette rupture signifie une inversion : c'est la nature qui est maintenant soumise à l'homme ; on ne saurait concevoir alors une autre espèce animale qui ferait plus ou mieux que celle-là. De même dans l'univers des personnalités en qui et par qui l'histoire de l'élan vital continue, si nous comprenons bien la radicale nouveauté et l'absolue bonté de « la bonne nouvelle ». Aussitôt apres avoir accueilli le Christ, la philosophie bergsonienne va renouveler, à sa façon, la distinction entre l'*eros* et l'*agapé* : tant que l'amour vise des objets, ceux-ci peuvent être plus ou moins élevés et l'on peut comparer sinon mesurer les puretés, les sublimités, les magnanimités ; mais le Sermon sur la montagne ouvre l'âme à l'amour sans objet : on ne saurait concevoir un au-delà du Christ dans une inversion plus totale que celle-là. Qu'est-ce que cet amour sans objet ?

L'Absolu mystique ne peut être répeté : mais il doit être imité et consulté. Il est donc modèle et révélateur. C'est comme modèle que la philosophie l'a rencontré, puisqu'elle remonte jusqu'à lui à travers des expériences vécues à l'imitation de Jésus-Christ. C'est comme révélateur que la philosophie va le consulter, puisqu'il est le témoin privilégié du Dieu vivant.

Dans *L'Énergie spirituelle* on a vu comment le « surhomme » entrevu dans la brume du matin de l'histoire humaine serait seul capable d'éclairer la philosophie sur ce « centre de jaillissement » que décèle l'évolution

1. Bergson appelait volontiers le Christ « le Surmystique ». Cf. Entretien avec l'abbé Magnin dans *Un colloquio con H. Bergson*, dans *Rivista di filosofia neo-scolastica*, 1933, p. 112 ; J. Chevalier, *Entretiens...*, p. 183. Loisy se demandait si vraiment Jésus était un mystique. (*Y a-t-il deux sources de la religion et de la morale ?* Paris, 1933, p. 44 et 45). Mais Loisy identifie « mystique » et « extatique ». D'abord, le Jésus selon saint Mathieu fut peut-être un « extatique ». Surtout, du point de vue bergsonien, il est le Surmystique dans la mesure même où il n'est pas ou du moins pas seulement un extatique : il est celui dans les actes de qui l'amour divin coule de source, tout naturellement, si l'on peut dire.

2. Cf. Étienne Borne, *Spiritualilé bergsonienne et spiritualité chrétienne* : « Si la vie est invention perpétuelle et si le Christ a été sa plus heureuse création et sa meilleure réussite, qui nous dit que demain un génie religieux ne se manifestera pas porteur d'un message plus généreux et plus rayonnant ? *Êtes-vous celui qui doit venir...* » (*Études carmélitaines*, octobre 1932, p. 184).

créatrice des mondes. Or, l'enquête des *Deux sources* nous l'apprend, ce « surhomme » existe : c'est le Christ des Évangiles. Qui est son Dieu ?

Bergson n'a pas expliqué pourquoi le Christ est le parfait mystique. Sans doute a-t-il pensé que la référence au Sermon sur la montagne suffisait. Là, sans contamination philosophique, sans symbolisme exigeant une initiation, avec des images et des mots que tous comprennent immédiatement, quel que soit le degré d'intelligence et de culture, là s'exprime dans sa pureté l'amour mystique de l'humanité qui signifie la présence de Dieu parce qu'il est Dieu même.

« Dieu est amour, et il est objet d'amour : tout l'apport du mysticisme est là. De ce double amour le mystique n'aura jamais fini de parler. » Certes, ce qu'il cherche à dire est inexprimable, mais, ici encore, l'ineffabilité n'empêche pas la clarté et voici qui est parfaitement clair : « l'amour divin n'est pas quelque chose de Dieu : c'est Dieu lui-même[1] ». Formules qui furent déjà bien souvent employées mais dont le sens proprement bergsonien est précisé quelques pages plus loin, quand le philosophe demande : « Cet amour a-t-il un objet ? » et répond : « Remarquons qu'une émotion d'ordre supérieur se suffit à elle-même. Telle musique sublime exprime l'amour. Ce n'est pourtant l'amour de personne. Une autre musique sera un autre amour. Il y aura là deux atmosphères de sentiment distinctes, deux parfums différents, et dans les deux cas l'amour sera qualifié par son essence, non par son objet[2]. » Texte fondamental de la nouvelle théodicée : un « amour qualifié par son objet » est nécessairement limité à cet objet et, de ce fait, exclusif d'autres objets ; il contient donc, même s'il ne le développe pas, un germe de lutte, sinon de haine, cet objet serait-il aussi digne d'être aimé que la famille ou la patrie. Un « amour qualifié par son essence » s'élance au delà de tous les objets, il ne les aime qu'en les traversant, il est ce qui ne peut jamais s'arrêter pour se fixer. Entre ces deux amours, il n'y a pas différence de degré mais de nature : l'amour de Dieu dans les deux sens est tout autre chose qu'un amour humain agrandi.

Dieu est amour, cela veut dire que l'objet aimé n'est jamais cause de son amour, mais que la cause de son amour est dans son être, qu'elle est son être même. Dieu, certes, aime les hommes, mais d'un amour qui ne s'arrête pas à eux, qui ne les vise même pas, qui les emporte dans son élan sans fin. Observons comment aiment les mystiques chrétiens puisque leur cœur en est possédé : sous une forme ou sous une autre, c'est toujours le cantique de saint François d'Assise regardant chaque créature à la lumière d'une charité que la création tout entière ne saurait apaiser. Tel est « l'amour où le

1. *Les deux sources*..., p. 270 (1189).
2. *Ibidem*, p. 273 (1191).

mystique voit l'essence même de Dieu» et que le philosophe recueille «pour se représenter l'énergie créatrice[1]», en d'autres termes: pour comprendre enfin les mots «centre de jaillissement» et savoir pourquoi il y a «jaillissement».

Un amour sans objet a sa fin en lui-même. Quand l'objet n'est pas cause de l'amour, l'amour est cause de ce qui rend l'objet aimable. L'amour crée pour aimer et, en ce sens très précis, il a besoin des êtres qu'il crée. Théologiens et métaphysiciens qui raisonnent démontrent que Dieu n'a pas besoin des hommes: infini et parfait, il ne lui manque rien; or, qui parle de besoin constate une privation… Les mystiques en qui passe l'amour divin n'ont pas ces scrupules: ils sont «unanimes à témoigner que Dieu a besoin de nous[2]». Le paradoxe d'un besoin de Dieu obéit à la logique de l'amour sans objet. «L'amour qualifié par son objet» inclut le besoin de ce que nous n'avons pas: l'exilé a besoin de la patrie qui manque à son amour. «L'amour qualifié par son essence» inclut le besoin de se répandre, besoin qui coïncide avec son existence.

L'amour crée des êtres pour les aimer, cela veut dire: des êtres dignes d'être aimés. Or, qu'est-ce qui, dans une philosophie de l'être créateur, rend un être digne d'être aimé? Sa puissance créatrice. C'est tout le bergsonisme qui assure la transition entre le témoignage des mystiques et sa signification métaphysique: «Pourquoi Dieu aurait-il besoin de nous, sinon pour nous aimer? Telle sera bien la conclusion du philosophe qui s'attache à l'expérience mystique. La Création lui apparaîtra comme une entreprise de Dieu pour créer des créateurs, pour s'adjoindre des êtres dignes de son amour[3].» C'est l'image même de saint Paul, Bergson le rappelle quand il dessine l'auréole des «*adjutores Dei*, patients par rapport à Dieu, agents par rapport aux hommes[4]».

Cette philosophie du Christianisme suppose que l'on puisse isoler une expérience mystique pure, c'est-à-dire détacher la vie mystique des dogmes dont elle nourrit sa méditation, séparer les mystiques chrétiens des églises et des sociétés spirituelles auxquelles les lie leur foi, abstraire le Christ mystique des images du Christ historique, et ceci jusque dans l'âme de ceux qui contemplent ces images pour essayer d'être ses imitateurs. Ce n'est pas là pourtant une supposition: c'est le regard même que le

1. *Ibidem*, p. 273 (1191-1192).

2. *Ibidem*, p. 273 (1192).

3. *Ibidem*, p. 273 (1192).

4. *Ibidem*, p. 248 (1 173); saint Paul, *Cor.* I, III, 9. Voir aussi la fin de *Le possible et le réel*, dans *La pensée et le mouvant*, p. 134 (1345): «…Esclaves de je ne sais quelles nécessités naturelles, nous nous redresserons, maîtres associés à un plus grand Maître.»

philosophe porte sur le Christianisme qui produit cette division, car sa philosophie ne peut penser le réel qu'à travers un schème dualiste.

Bergson déchiffre les témoignages chrétiens à la requête et à la lumière de la philosophie qui a séparé la durée et le temps-espace, la qualité et la quantité, la vie et la matière, l'intuition et l'intelligence, la société ouverte et la société close, l'aspiration et la pression, la religion dynamique et la religion statique… La nouvelle division s'opère d'elle-même. Elle n'a point d'autre sens que les précédentes.

Dans chacun de ces couples, un des termes correspond à la vie selon son élan naturel, exigence de création, de conscience, de liberté; il y a là, sans aucun doute, l'être pris dans le sens de sa plus haute perfection. Mais ce dualisme n'est pas manichéisme: l'autre terme correspond à un autre niveau d'être; il s'agit de certaines conditions d'existence qu'il faut prendre telles qu'elles sont. Aucun de ces couples ne représente l'opposition du bien et du mal; aucun n'insinue: ceci doit abolir cela. La philosophie des intuitions claires et des idées distinctes se propose simplement de mettre chaque chose à sa place, de rendre chaque faculté à sa fonction propre, de discerner dans le *mixte*, selon le vocabulaire platonicien, la trace des deux mouvements qui font le devenir du monde.

Ce qui existe concrètement, c'est un *mixte* où s'unissent mysticisme et religion, ce dernier mot désignant une société organisée avec une doctrine qui, pour être enseignée, doit être formulable en termes d'intelligence. Or, ce n'est pas la doctrine qui crée « la foi qui soulève les montagnes » : c'est « la foi qui soulève les montagnes » qui crée la doctrine. Ce qui est premier, c'est la chaleur lumineuse de l'âme embrasée : mais ce qui est second ne lui est pas étranger, car il en provient et peut toujours y retourner. « Posez cette incandescence, la matière en ébullition se coulera sans peine dans le moule d'une doctrine, ou *deviendra même cette doctrine en se solidifiant.* » Par suite: « Nous nous représentons la religion comme la *cristallisation*, opérée par un *refroidissement* savant, de ce que le mysticisme vint déposer, brûlant, dans l'âme de l'humanité. » Ajoutons : que le mysticisme pourra de nouveau réchauffer: « Celui-ci n'a jamais fait autre chose que repasser sur la lettre du dogme pour le tracer cette fois en caractères de feu [1] ».

On voit ainsi comment le mysticisme peut être philosophiquement extrait, comment au sein du *mixte* il représente la vie créatrice, la source première, l'énergie qui est l'esprit, comment toutefois la religion doctrinale et sociale demeure nécessaire pour assurer l'irradiation mystique. Le testament de Bergson semble bien être ici le commentaire exact

1. *Les deux sources*…, p. 253-254 (1176-1177) mots soulignés par nous.

du troisième chapitre des *Deux sources* précisément parce que la philosophie de ce troisième chapitre semble bien en avoir dicté les termes [1].

Bergson y affirme « son adhésion morale au catholicisme » : sous cette plume et à cet instant où l'homme regarde sa mort, ces mots « adhésion morale » doivent être pris avec toute la force que leur donne la ligne ouvrant la déclaration : « mes réflexions m'ont amené de plus en plus près du catholicisme ». « Mes réflexions », c'est-à-dire le bergsonisme tout entier.

Après avoir écrit la page des *Deux sources* sur le Christ des Evangiles, Bergson ne pouvait pas ne pas se voir lui-même parmi ceux qui écoutaient et qui écoutent encore le Sermon sur la Montagne. Mais pourquoi, en s'approchant, se trouve-t-il sur le seuil de la cathédrale catholique ? On peut supposer des circonstances historiques : cet attachement filial de Bergson à la France où la tradition catholique reste intimement unie à la vie nationale ; l'influence d'une culture où l'art, la littérature, la philosophie disent la présence continue de la pensée chrétienne d'expression catholique ; le fait qu'il avait surtout lu les mystiques catholiques. Mais, si Bergson avait écrit « protestantisme », nous aurions trouvé aussi des circonstances historiques pour rendre vraisemblable la conclusion de l'ami de William James et du conférencier de *Foi et vie*. En attendant des documents plus précis et plus personnels, reconnaissons simplement que le bergsonisme, ici encore, conduit Bergson : l'homme ne peut rien faire, pas même une philosophie de l'intuition, sans l'intelligence ; l'homme ne peut agir sur ses semblables, même spirituellement, en dehors d'une société close : concepts et institutions sont des nécessités vitales. Il faut bien qu'il y ait des fils pour que le courant passe et des lampes pour que l'électricité devienne lumière. Ainsi une certaine préférence de Bergson n'est pas tellement étonnante au profit de l'Église à la dogmatique la plus solidement charpentée et à l'appareil sacerdotal le plus organiquement architecturé.

« Je me serais converti si... » : « converti » ne peut avoir dans ce contexte qu'un seul sens : donner plus qu'une « adhésion morale », quitter le seuil et se présenter au baptistère. Une question se pose alors : dans quelle perspective est-il possible d'écrire, c'est-à-dire de penser : « je me serais converti si... » ? Uniquement dans la perspective où la « conversion » représente quelque chose d'épisodique par rapport à l'« adhésion

1. Voir le texte plus haut p. 84-85 ; Bergson s'est expliqué sur son attitude devant J. Chevalier à plusieurs reprises : *Entretiens*... 29 octobre 1933, p. 200-201 ; 9 mars 1937, p. 257 ; 4 avril 1938, p. 281-282. Les pages qui suivent étaient écrites avant la lecture de celles qu'Ét. Gilson consacre au même sujet et dont elles rejoignent l'interprétation : *Le philosophe et la théologie*, p. 150 *sq*.

morale », seule vraiment essentielle. Telle est précisément la perspective du dualisme bergsonien. « Je me serais converti si je n'avais vu se préparer… la formidable vague d'antisémitisme qui va déferler sur le monde. J'ai voulu rester parmi ceux qui seront demain des persécutés… » « … rester parmi ceux… » : aurait-il donc eu le sentiment de les quitter, lui qui pourtant voyait dans le catholicisme « l'achèvement complet du judaïsme » ? Il n'est pas question de trouver là une contradiction mais, au contraire, de chercher pourquoi il n'y en a pas; il n'est pas question de discuter la force de l'argument mais de savoir d'où elle vient. Vu de l'intérieur du catholicisme, le scrupule n'aurait pas de sens : c'est pourquoi l'Israélite ne l'éprouve pas lorsque sa conversion le situe, d'emblée, à l'intérieur du catholicisme, l'adhésion en esprit et en vérité coincidant avec l'adhésion à l'Église vivant de cet esprit et gardienne de cette vérité. Le scrupule de Bergson doit son sens et, du même coup, sa force au bergsonisme : ici, une dissociation est possible dans l'acte de conversion. La conversion authentique est l'« adhésion morale »; c'est alors que l'homme s'engage « de toute son âme » et par elle, il est dans l'Église invisible du Christ mystique. Les dogmes et les sacrements ne sont certes pas quelque chose d'extérieur dans le catholicisme vécu de la foi, mais ils restent philosophiquement quelque chose d'extériorisable. Dans ces conditions, on comprend que des raisons circonstantielles puissent créer un devoir de ne pas ajouter un geste qui n'ajouterait rien d'essentiel.

Dans le testament de 1937, Henri Bergson va exactement jusqu'où sa philosophie l'a conduit. On ne peut pas ne pas évoquer l'acte libre selon l'*Essai* qui « émane de la personnalité entière », exprimant ici la vie de l'homme totalement *informée* par sa pensée.

Une christologie philosophique

Le bergsonisme présente ce que l'on pourrait appeler une christologie philosophique. La chose n'est pas nouvelle et les métamorphoses philosophiques de Jésus seraient une curieuse histoire. On en retiendra seulement deux épisodes, empruntés à des œuvres que Bergson connaissait bien, celles de Spinoza et de Jean-Jacques Rousseau.

La perspective du premier est celle d'une philosophie imprégnant une exégèse. *Le traité théologico-politique* propose une lecture historique des livres saints; mais parti pour interpréter l'Écriture par l'Écriture, voici que Spinoza l'interprète par le spinozisme. De fait, si la révélation est celle d'une « loi divine », comment dire ce qu'est une loi et comment parler du divin sans avoir recours à une philosophie ?

« L'entendement étant la meilleure partie de notre être, il est certain que si nous voulons vraiment chercher ce qui nous est utile, nous devons par-dessus tout nous efforcer de parfaire notre entendement autant qu'il est possible, car dans sa perfection est notre souverain bien. » Or, cette perfection de notre entendement se trouve dans la connaissance de Dieu de laquelle dépend celle de toute vérité. Il s'ensuit que notre perfection et notre souverain bien sont dans la connaissance de Dieu. Puisque là est aussi ce qui nous est utile, cette connaissance de Dieu est nécessairement amour de Dieu. De là, une certaine idée de l'homme parfait dans laquelle anthropologie et théologie se rejoignent : « L'homme est plus parfait à proportion de la nature et de la perfection de la chose qu'il aime par-dessus tout et inversement; celui-là donc est nécessairement plus parfait et participe le plus à la souveraine béatitude, qui aime par-dessus tout la connaissance intellectuelle de Dieu, c'est-à-dire de l'être tout parfait, et en tire le plus de délectation ».

Ces considérations purement philosophiques conduisent à une définition purement philosophique de la « loi divine ». Spinoza poursuit : « Puis donc que l'amour de Dieu est la suprême félicité et la béatitude de l'homme, la fin ultime et le but de toutes les actions humaines, celui-là seul suit la loi divine qui a souci d'aimer Dieu, non par crainte du supplice ni par amour d'une autre chose telle que les plaisirs, la renommée, etc., mais pour cette seule raison qu'il connaît Dieu, c'est-à-dire qu'il sait que connaissance et amour de Dieu sont le souverain bien.. » Par conséquent, .toute la loi divine se résume en un unique principe : aimer Dieu par-dessus tous les autres biens en tant que nous le connaissons comme étant ce bien souverain qui fait la perfection de notre entendement [1].

Hoc idea Dei dictat... mais à qui l'idée de Dieu dicte-t-elle cette leçon ? Évidemment pas à l'« homme charnel » qui ne trouve dans ce bien souverain rien de charnellement délectable. Or, qui n'est pas « homme charnel » ? Ici se passe quelque chose d'inattendu de la part d'un penseur si peu empiriste qu'il rêve de donner à son « éthique » une forme mathématique : il prend en considération un fait, qui, comme tout fait, doit être pris là où il est, dans un certain contexte historique.

Dans l'univers spirituel judéo-chrétien où Spinoza médite sur le salut de son âme et cherche des interlocuteurs, il y a les livres qui sont reçus comme exprimant la parole de Dieu. Voici donc le philosophe qui ouvre ces livres sans mettre en question leur caractère sacré et il va demander à sa

1. *Traité théologico-politique*, chap. IV, De la loi divine, Spinoza, *Œuvres*, trad. Appuhn (légèrement retouchée), t. II, p. 89-91.

philosophie de discerner ce qui est divin de ce qui est humain. La demande faite à la philosophie appelle évidemment une réponse au niveau de la philosophie et à l'intérieur de cette philosophie qu'est le spinozisme : on jugera une vérité révélée là où la vérité philosophique se reconnaîtra. La révélation, déclare Spinoza, porte uniquement sur la loi divine telle que la raison l'a reconnue, mais les Écritures la communiquent sous une forme accessible aux hommes qui sont incapables d'entendre la raison; le pur amour de Dieu qui est le souverain bien de l'entendement leur sera enseigné dans des mythes et des paraboles qui parlent à leur imagination.

Le déchiffrement des Écritures consiste donc en une sorte d'épuration philosophique, rejetant de la révélation tout ce qui n'est pas reconnu rationnel par la raison du philosophe. Il ne s'agit pas seulement des rites, des cérémonies, des tabous. Comme le spinozisme n'admet ni personnalité divine, ni immortalité de l'âme, ni création contingente, tous les textes de la Bible qui pourraient être interprétés dans ce sens sont considérés comme de simples façons de parler adaptées à la mentalité de ceux qu'il faut persuader, le seul but étant ici d'obtenir l'obéissance à la loi de Dieu.

La philosophie permet enfin d'achever la lecture des livres saints en établissant une hiérarchie entre les porteurs de la parole de Dieu :

1) Il y a d'abord les Prophètes : ce sont, avant tout, des hommes pourvus d'une forte imagination; ne les prenons ni pour des sages ni pour des savants. L'inspiration prend en eux forme sensible; Dieu parle toujours en images, qui sont même parfois les images d'un songe. Et, à leur tour, les Prophètes, chacun dans son style propre, émeuvent l'imagination des fidèles[1].

2) Si la révélation porte uniquement sur la loi divine telle que la raison la définit, cette loi est universelle en tant qu'elle est rationnelle : elle ne peut donc être réservée à un peuple; l'idée de peuple élu relève d'une certaine mentalité historique et maintient la révélation à l'intérieur d'un univers sacralisé par l'imagination. Là où la loi divine est révélée avec son universalité, elle s'affranchit de l'imagination et s'affirme dans sa pure rationalité : tel est précisément le cas de la bonne nouvelle apportée par le Christ. De fait, remarque Spinoza, nulle part l'Écriture ne dit que Dieu « apparaît » au Christ ou lui « parle », apparitions et paroles étant toujours des images. Le Christ n'est donc pas un homme d'imagination, ce n'est pas un Prophète; l'inspiration est en lui radicalement différente : Dieu a communiqué avec lui d'esprit à esprit, *de mente ad mentem*, sans médiation sensible[2]. Ainsi, le Christ est à la « bouche de Dieu », *os Dei*[3]; il a une

1. *Ibidem*, chap. I et II.
2. *Ibidem*, chap. I, p. 28.
3. *Ibidem*, chap. IV, p. 97.

« connaissance intellectuelle » de la loi divine et de la vérité éternelle[1]. Le Nouveau Testament, bien sûr, est comme l'Ancien destiné aux hommes qui ne sont pas capables de suivre la raison : le Christ parle en paraboles à ses Apôtres comme Dieu parlait en images à ses Prophètes, de sorte que les Apôtres vont jouer dans le monde chrétien le rôle que jouaient les Prophètes dans le monde juif, étant au Christ dans le même rapport que ceux-ci à Dieu[2].

La philosophie de Spinoza est œuvre de la seule raison ; elle ne doit rien à la foi et même dispense de la foi : l'âme qui a compris en vérité la doctrine de l'*Éthique* l'a vécue en esprit, et quand elle arrive à la fin du cinquième livre, la connaissance la plus purement intellectuelle coïncide avec cet amour de Dieu qui définit le salut, puisqu'il est à la fois amour de l'homme pour Dieu et amour de Dieu pour l'homme. Or, lisant l'histoire à la lumière de cette philosophie, Spinoza découvre un personnage en qui cette connaissance et cet amour sont si parfaits que, n'étant pas le fruit de la philosophie, il faut bien y voir celui d'une révélation. Mais révélation de l'intelligible à l'intelligence, de sorte que le spinozisme peut reconnaître, à sa façon, le « Verbe fait chair[3]. »

La vie de Jésus importe peu : le Christ est un personnage strictement philosophique. Comme tel, il manifeste le Dieu d'une philosophie. Comme ce Dieu est la Nature – *Deus sive Natura* – on ne saurait parler de sur-naturel[4]. L'équivalent du sur-naturel est dans le caractère unique et exceptionnel de ce qu'il faut bien appeler un événement, avec ce que tous ces mots impliquent d'apparente contingence : « Sauf le Christ, personne n'a reçu de révélation de Dieu sans le secours de l'imagination, c'est-à-dire sans le secours de paroles et d'images[5]... » La philosophie spinoziste du Christianisme reconnaît dans l'histoire un moment privilégié, celui d'une pentecôte de la Raison.

La perspective de Rousseau est celle d'un moraliste. « La vérité que j'aime n'est pas tant métaphysique que morale[6]. » Mais, comme la morale suppose un *minimum* de métaphysique, il lui faut bien établir ce *minimum* : il constitue « la profession de foi du Vicaire savoyard ». « Je ne suis pas un grand philosophe et je me soucie peu de l'être », déclare le bon prêtre : mon

1. *Ibidem*, p. 97-98.

2. *Ibidem*, chap. II, p. 63 ; chap. XI.

3. Lettre 75, à *Oldenburg*, *ibidem*, t. III, p. 356. C'est en ce sens que l'« esprit du Christ » est invoqué, une seule fois d'ailleurs, dans l'« Éthique », IV, Proposition LXVIII, Scholie ; expression définie dans la lettre 76, à *Albert Burgh*, p. 357.

4. Cf. Lettre 78, à *Oldenburg*, 7 février 1676, *ibidem*, p. 364-365.

5. *Traité théologico-politique*, chap. I, p. 29.

6. *Rousseau à M. Du Parc*, 25 juin 1761, dans *Correspondance générale*..., éd. Th. Dufour, Paris, Colin, t. VI, 1926, p. 160-161.

principal mérite, avoue-t-il, fut « d'apprendre à borner mes recherches à ce qui m'intéressait immédiatement et à me reposer dans une profonde ignorance sur tout le reste [1] », Les vérités utiles à la vie auxquelles il s'arrête sont l'existence d'un Dieu intelligent et bon, la liberté de l'âme d'où suivent son immatérialité et son immortalité. Le mot « foi » ne doit pas nous tromper sur le caractère de la « profession » : le Vicaire ne fait appel qu'à la raison et à la conscience. On peut penser que la conscience joue, à côté de la raison, un rôle comparable à celui de la foi dans l'existence de l'homme religieux : mais c'est une foi sans révélation, dans une religion qui exclut si radicalement le surnaturel qu'elle se dit naturelle.

Ce dernier mot renvoie à l'anthropologie de Jean-Jacques Rousseau. Qu'est-ce que cette anthropologie, si clairement exposée dans le *Discours sur l'origine de l'ingalité parmi les hommes* ? En gros, le principe de son unité et de son mouvement semble être dans une opposition entre la nature et l'histoire. La nature de l'homme a deux aspects. Il y a d'abord celle de l'homme sensible, faite de deux tendances : l'amour que je me porte et qui agit comme un instinct de conservation, puis, sous les noms de « pitié » et de « commisération », un penchant à sympathiser avec la souffrance de mon semblable si bien que celle-ci me devient insupportable. Il est aussi dans la nature de l'homme d'être raisonnable, perfectible et, probablement, sociable. Si nous vivions dans une sorte de paradis terrestre où nos besoins élémentaires seraient satisfaits sans travail, cette seconde partie de notre nature resterait virtuelle : l'homme sensible serait tout l'homme réel : ce serait là ce que Rousseau appelle l'« état de nature ». État purement hypothétique, pas même pré-historique, car l'humanité a toujours vécu dans un monde où les intempéries, la diversité des saisons, les bêtes féroces, etc., l'ont condamnée à travailler pour subsister; or, avec le travail, c'est la raison qui combine les moyens en vue des fins, c'est la collaboration qui institue des sociétés, c'est la transmission des inventions, le perfectionnement des aptitudes, bref une histoire. Le bien de l'homme étant d'être selon sa nature – leçon toujours actuelle de la sagesse antique – il n'y a jusqu'ici aucun mal à signaler. Mais, « un funeste hasard » a désaccordé la nature et l'histoire : la propriété privée a créé un « homme de l'homme » qui a trahi l'« homme selon la nature »; la pitié a été refoulée, l'amour de soi s'est transformé en égoïsme et cette métamorphose a excité la cupidité, l'ambition, le désir de domination, etc.

1. *La profession de foi du vicaire savoyard*, éd. critique de Pierre-Maurice Masson, Paris, Hachette, 1914, p. 39. Cf. p. 59 et 417. Pour ce qui suit, cf. Henri Gouhier, *Nature et histoire dans la pensée de Jean-Jacques Rousseau*, dans *Annales J.-J. Rousseau*, Genève, 1953-1955, t. XXXIII.

Une nature essentiellement bonne et dont la bonté exprime celle de son auteur, une histoire qu'une déviation accidentelle a rendue mauvaise et malfaisante, telle est l'antinomie qui crée le drame de la raison : faculté naturelle, donc bonne en soi, celle-ci, en fait, est au service des passions que déchaînent les valeurs artificielles de notre civilisation. Le problème du Vicaire est donc de rectifier la raison, de la remettre sur le droit chemin en la soumettant aux directives que donne la « voix de la nature ». Car, on ne peut complètement chasser le naturel; quelque chose de la bonté originelle subsiste dans le cœur du civilisé le plus corrompu : c'est la conscience, qui est à l'âme ce que l'instinct est au corps.

On voit alors ce que Rousseau appelle « religion naturelle ». Sous ces mots nous mettons volontiers une espèce de religion *minimum*, un résidu commun aux religions historiques, ce qui reste lorsque chacune est allégée de ce qui la rendait historique : aussi avons-nous l'impression que ce reste est ce qu'il y avait de moins religieux dans ces religions. Pour Rousseau, au contraire, la religion naturelle est ce qu'il y a de proprement religieux dans les religions historiques, ce qui tient à leur historicité n'étant que superstitions, dogmes plus ou moins barbares, mystères inutiles. La religion naturelle est la religion pure : les religions historiques n'en sont que des variétés plus ou moins dégradées. C'est pourquoi Rousseau ne peut admettre aucune révélation historique, avec l'idée d'un livre sacré qui la transmet et d'une Église qui la conserve. Tout ce que Dieu avait à nous faire connaître, il nous a mis en état de l'apprendre : il n'a rien de plus à nous dire que ce que disent la raison et la conscience.

Ainsi, l'histoire des religions participe à la malfaisance accidentelle de notre histoire : c'est bien pourquoi elle contredit l'essence de la religion qui tient à la nature. Puisqu'il s'agit de religions historiques, la philosophie du Christianisme sera donc critique et même polémique. Deux cris du Vicaire la résument : « Que d'hommes entre Dieu et moi ! » et : « Toujours des livres[1] ! » Deux cris, mais un seul vœu : tous les livres sont écrits par des hommes et dans les hommes Rousseau redoute « l'homme de l'homme ».

Cette philosophie du Christianisme, pourtant, n'est pas seulement critique. La polémique conduite par le Vicaire dans le style du rationalisme le plus agressif est suivie d'une confession que ne prépare aucune transition : « Je vous avoue que la majesté des Écritures m'étonne, la sainteté de l'Évangile parle à mon cœur. Voyez les livres des philosophes avec toute leur pompe : qu'ils sont petits près de celui-là ! Se peut-il qu'un livre à la fois si sublime et si simple soit l'ouvrage des hommes ? Se peut-il que celui dont il fait l'histoire ne soit qu'un homme lui-même ?... Oui, si la vie et la mort de Socrate sont d'un sage, la vie et la mort de Jésus sont d'un

1. *Profession de foi*..., p. 323 et 367.

Dieu[1]. » Il n'y a qu'un instant, on s'écriait avec impatience : « Que d'hommes entre Dieu et moi ! » Voici néanmoins dans l'histoire quelqu'un qui échappe à cette exclusion. « J'ai refermé tous les livres », lisions-nous : non, puisqu'il y en a un qui reste à portée de la main. La cohérence de la pensée de Rousseau n'est pas ici plus douteuse que la sincérité de Jean-Jacques. Si le Vicaire écarte tous les hommes que l'histoire a mis entre son Dieu et lui et, si, cependant, Jésus demeure, n'est-ce point parce qu'il lui dit exactement ce que Dieu dit à l'homme selon la nature ? Si le Vicaire ferme tous les livres sauf celui de la nature et si, cependant, il laisse ouvert sur sa table l'Évangile, n'est-ce point parce que la nature et l'Évangile lui disent la même chose ?

La philosophie de Rousseau est l'œuvre de la raison guidée par la conscience : elle ne doit rien à une révélation qui se présenterait comme d'origine sur-naturelle. Elle oppose à l'homme de nos sociétés historiques l'homme tel qu'il serait s'il restait fidèle à sa nature. Or, lisant l'Évangile à la lumière de cette philosophie, Rousseau découvre en Jésus le cas exceptionnel et unique de l'homme parfait selon la nature : c'est même pourquoi la société historique à laquelle il appartenait l'a crucifié. Le dire divin, c'est donc reconnaître qu'il est trop parfaitement humain pour n'être qu'humain.

Comme Spinoza et comme Rousseau, Bergson lit les Évangiles à la lumière de sa philosophie. Le rapprochement est d'autant plus éclairant qu'il s'agit de visions du monde très différentes : il va faire apparaître à la fois la structure de toute christologie philosophique et ce qui est propre à celle des *Deux sources*.

Dans les trois cas, il y a une philosophie préalable, une philosophie au sens le plus étroit du mot, c'est-à-dire se constituant avec le seul concours de facultés naturelles : raison, conscience, intuition, amour, aucun de ces termes ne renvoie à quelque révélation dont la source serait d'un autre ordre. L'idée même que Spinoza, Rousseau et Bergson se font de la philosophie exclut la démarche d'une foi qui cherche l'intelligence, *fides quaerens intellectum*.

Dans les trois cas, le philosophe dessine un modèle de l'homme parfaitement homme, allant jusqu'au bout de son humanité. Ce type idéal est obtenu par une espèce d'épuration par rapport à la condition de l'homme dans-le-monde : entendement affranchi des passions, nature purgée de

1. *Ibidem*, p. 399-411. Sur cette christologie philosophique de Rousseau, voir les *Lettres écrites de la montagne*, 1764 ; la *Lettre à M. de Franquières*, 15 janvier 1769 et la *Lettre à Moultou*, 14 février 1769 (*Correspondance générale*, t. XIX).

l'histoire, intuition débarrassée des concepts et âme délivrée des sociétés closes.

Dans les trois cas, par la perfection même du modèle qu'elle dessine, l'anthropologie s'achève en théologie : au moment où l'homme arrive idéalement au sommet de son humanité, Dieu est en lui et sa présence se manifeste dans un amour sans commune mesure avec les mouvements que les choses suscitent dans le moi. Tel serait, à la limite, le sage de l'*Éthique* qui expérimente l'éternité de son être, le paroissien du Vicaire qui cède à l'« instinct divin », ravi par l'« immortelle et céleste voix », le « héros » des *Deux sources* qui participe à l'élan créateur.

Dans les trois cas, le philosophe rencontre le Christ des Évangiles et il reconnaît en lui l'homme parfaitement homme selon sa philosophie. C'est ici que sa philosophie devient christologique sans cesser d'être philosophique.

D'abord, puisqu'il s'agit de philosophie, il doit être le moins possible question d'histoire. La signification philosophique du Christ se trouve dans son message; elle est relativement indépendante des circonstances historiques qui rendent si obscure la vie de Jésus. Ce que les Évangélistes ont pu croire sur la résurrection et les miracles n'altère pas la doctrine de l'Évangile. Le Verbe spinoziste échappe aux incertitudes de son incarnation. Rousseau hausse les épaules quand on conteste l'authenticité du texte qui parle à son cœur. Bergson consent à ne rien savoir de Celui qui a prononcé le Sermon sur la Montagne.

Dans les trois cas, le Christ est reconnu comme l'homme parfait à la faveur de comparaisons : avec les Prophètes de l'Ancien Testament dans *Le traité théologico-politique*, avec les sages et celui qu'une vieille tradition considère comme le plus grand des sages, Socrate, dans *La profession de foi*, avec les mystiques de la Grèce et de l'Inde comme avec les Prophètes dans *Les deux sources*. La méthode comparative est essentielle à la christologie philosophique.

Si philosophique que devienne le personnage du Christ, le philosophe ne le rencontre pourtant pas dans sa philosophie. Tout en s'efforçant de mettre entre parenthèses la personnalité historique de Jésus, c'est pourtant dans l'histoire qu'il trouve réalisé le modèle dessiné par sa philosophie. Il ne s'agit plus d'intuition ni de déduction. La raison peut indéfiniment réfléchir sur le moi, le monde et Dieu : rien ne lui signalera l'existence d'un certain homme dont certains livres conservent les propos. Il y a là un fait. Or, pourquoi ce fait dans la vie du peuple juif ? pourquoi à cette date et en ce lieu ? La philosophie interprètel'enseignement des Évangiles, mais sans rendre raison de l'existence de celui qui l'a donné.

En possession du schème de l'homme parfaitement homme et usant de la méthode comparative, le philosophe découvre dans le Christ un cas exceptionnel et même unique. La méthode comparative permet de dire que personne n'est monté plus haut; le schème, d'ajouter qu'on ne peut pas monter plus haut. C'est ce caractère de cas exceptionnel et même unique que le philosophe souligne en appelant Jésus « divin », comme Rousseau, en invoquant ses « divines paroles », comme Bergson, en interprétant le prologue de saint Jean, comme Spinoza. Ce faisant, Spinoza, Bergson, Rousseau ne quittent pas le plan de la philosophie. Pour aucun d'eux, celle-ci ne se présente, au départ, comme une foi qui cherche l'intelligence : pas davantage elle n'apparaît, à l'arrivée, comme une intelligence qui trouve la foi. En la personne du Christ purifiée de sa personnalité historique, c'est l'homme spinoziste qui manifeste le Dieu spinoziste, c'est le Dieu de Rousseau qui éclaire l'homme de Rousseau, c'est l'homme selon *L'Évolution créatrice* qui révèle le Dieu des *Deux sources*.

Puisqu'elle est philosophique, la christologie de ces auteurs reste au niveau de la nature. C'est une relation naturelle entre l'homme et Dieu que la philosophie découvre dans l'âme du Christ mais, si l'on peut ainsi parler d'une relation, portée à l'absolu. Il s'agit donc d'une divinisation de l'homme plus que d'une incarnation de Dieu. Tout ce que peut la philosophie, c'est reconnaître la présence d'un Homme-Dieu : elle ne saurait connaître le paradoxe d'un Dieu-Homme.

La limite de la christologie philosophique apparaît dans les nuances des propos que tiennent leurs auteurs. Écoutons Spinoza : « Ce que le Christ dit de plus grand de lui-même, c'est qu'il est le temple de Dieu, et cela parce que Dieu s'est manifesté principalement dans le Christ. C'est ce que Jean a voulu dire *en se servant d'expressions plus fortes* : le Verbe s'est fait chair[1]. » Rousseau ne dit jamais que Jésus est Dieu : sa vie et sa mort sont « d'un Dieu », il est l'« homme divin », sa douceur tient a plus du dieu que de l'homme[2] ». Un bout de dialogue avec le P. Auguste Valensin laisse apparaître le scrupule de Bergson : « Plus je lis l'Évangile, plus je me convaincs que Jésus-Christ est plus qu'un homme – Vous le croyez donc Dieu. – Mais je n'oserais souscrire aux distinctions théologiques[3] ».

Au théologien trop pressé de transformer le « plus qu'homme » en « Dieu », le philosophe rappelle que sa philosophie ne peut faire le saut. Là est très exactement le point où se pose la question qui intéresse la pensée chrétienne : est-ce que l'Homme-Dieu d'une philosophie est aussi le Dieu-

1. Lettre 75, à *Oldenburg*, p. 356 (mots soulignés par nous, traduisant : *ut efficacius exprimeret*).

2. Voir les textes cités par H. Gouhier, art. cit., p. 41-43.

3. Jacques Chevalier, *Entretiens…*, p. 230.

Homme de la foi? Tout dépend sans doute de cette philosophie. Si la structure de la christologie philosophique est la même dans les trois cas choisis, le contenu est différent et il ouvre des perspectives divergentes.

Dans le spinozisme, l'immanence de Dieu à la nature et la nécessité de l'enchaînement causal sont si radicales que la montée de l'âme vers Dieu coïncide avec la descente de Dieu dans l'âme : le Dieu-Homme ne serait que la réciproque de l'Homme-Dieu. La profession de foi de Rousseau exclut tout paradoxe : parce que la religion est naturelle, elle est sans mystère et sans dogmes; la psychologie de l'inspiration remplace la théologie de l'incarnation. La transcendance et la liberté essentielles à la vie créatrice qui définit le Dieu bergsonien, la vocation mystique de l'humanité et la contingence de son histoire offrent à la pensée chrétienne des possibilités d'accorder la philosophie à ses exigences : tandis que le saint selon la nature est trop peu Homme-Dieu pour éveiller l'idée d'un Dieu-Homme, tandis que Homme-Dieu et Dieu-Homme sont indiscernables dans le Christ spinoziste, on pourrait concevoir dans le bergsonisme l'avènement de l'Homme-Dieu comme le vœu de l'humanité et même de l'univers, et la présence du Dieu-Homme dans l'histoire comme la réponse à cet appel. Mais ce n'est qu'une possibilité dont le seul énoncé nous fait déjà sortir de la philosophie bergsonienne.

CONCLUSION

LE CHRISTIANISME VU DU BERGSONISME

L'expression « philosophie du Christianisme » correspond exactement à ce que le bergsonisme élabore dans le troisième chapitre des *Deux sources*. Il faut donc s'entendre sur le sens du mot « philosophie » et celui du mot « Christianisme » dans la vision bergsonienne du monde.

D'abord, on ne répétera jamais trop ce que Bergson lui-même n'a cessé de répéter : la philosophie est à ses yeux un savoir au sens le plus scientifique du terme ; le troisième chapitre des *Deux sources* est un morceau de la métaphysique positive. « Mon livre, disait-il à M. Jacques Chevalier, est en effet un livre *de philosophie*. Il est entendu que, pendant que je l'écris, je n'admets d'autre source de vérité que l'expérience et le raisonnement. Dans ces conditions, je viens montrer aux philosophes qu'il existe une certaine expérience, dite mystique, à laquelle ils doivent, *en tant que philosophes*, faire appel, ou dont ils doivent tout au moins tenir compte. Si j'apporte, dans ces pages, quelque chose de nouveau, c'est cela : je tente d'introduire la mystique *en philosophie* comme procédé de *recherche philosophique*. Je suis tenu de démontrer qu'il n'y a pas solidarité entre l'acceptation de cette méthode de recherche et la foi à un dogme quel qu'il soit. Et le seul moyen de le montrer est de supposer un instant le dogme aboli, et de constater que la méthode conserve toute sa valeur, toute sa force. » Cette mise au point vise directement la page qui introduit dans la métaphysique positive le Maître du Sermon sur la Montagne et où, de ce fait, la révélation est ignorée [1].

1. J. Chevalier, *Entretiens*..., p. 152 ; cf. p. 158 : « Il faut bien se représenter ce que je me suis proposé, ce que j'ai voulu... : comme philosophe, je ne pouvais tenir compte des données de la révélation... »

Pareille attitude écarte tout rapprochement avec un itinéraire comme celui de Pascal : le philosophe ne cherche pas en gémissant. Dieu seul connaît le secret des cœurs : personne ne peut le deviner quand ce cœur est celui d'un homme que sa philosophie condamne à disparaître derrière la vérité. Il n'y a point de vie sans drames, de réflexion sur l'existence sans inquiétude, de métaphysique sans risques. L'historien n'a donc pas le droit d'écrire la biographie d'Henri Bergson en la supposant privée de ce qu'il ignore. Mais, ce qu'il doit constater, c'est que la présence du Christ dans sa philosophie n'est pas appelée par une absence dont son âme souffrirait, rien ne laisse entrevoir comme stimulant de sa pensée un drame personnel à dénouer, une inquiétude à surmonter, le sentiment d'un salut à risquer. La rencontre avec Jésus ne veut en aucune façon ressembler à celle dont *Le mémorial* et *Le mystère de Jésus* portent le témoignage.

Puisque la philosophie de Bergson est si essentiellement positive, en quel sens peut-elle être philosophie du Christianisme ?

Faire du Christ un personnage philosophique ne veut pas dire qu'on le prend pour un philosophe. Au contraire. Si Spinoza, Rousseau, Bergson voyaient en lui un confrère d'un autre temps, il ne serait qu'un philosophe comme les autres, c'est-à-dire dont l'œuvre imparfaite ou insuffisante ne dispenserait pas du spinozisme, du rousseauisme, du bergsonisme. Ce qui fait Jésus plus qu'homme, à leurs yeux, c'est que leur philosophie se retrouve dans l'enseignement et la vie d'un juif obscur dont la culture n'est pas celle d'un philosophe, qui s'adresse à des non-philosophes et qui ne parle pas le langage des philosophes. Il est donc bien entendu que le Nouveau Testament n'est pas un traité de philosophie, même lorsque quelques textes de saint Jean ou de saint Paul, par exemple, laissent voir les traces d'une culture philosophique.

On pourrait cependant concevoir une réflexion qui, sous les commandements et les refus, les actes et les prières, les scènes vécues et les paraboles, dessinerait en pointillé une certaine idée de l'homme dans le monde et devant Dieu. Il y aurait ainsi une sorte de philosophie non écrite et même non parlée immanente à la vie de Jésus. Ce point de vue n'est en aucune manière celui de Bergson. L'auteur des *Deux sources* ne cherche pas la philosophie de Jésus-Christ, comme disait Érasme : il continue à bâtir la philosophie d'Henri Bergson. Mais, pour des raisons exclusivement tirées de sa philosophie, il se trouve que le bloc des mystiques chrétiens lui offre une documentation de première main, si l'on ose dire, sur la vie de l'esprit, de l'esprit, bien entendu, tel qu'il a été reconnu, décrit, défini, dans les livres précédents. Le Christianisme n'apporte à Bergson ni des idées qui, sans ce secours extérieur, ne seraient pas venues à sa pensée, ni une foi qui prendrait la relève de la raison unie à l'intuition : il lui apporte des faits. Il y a donc philosophie bergsonienne du Christianisme quand, par ces faits, celui-ci devient « un auxiliaire de la recherche philosophique » : Bergson dit, d'ailleurs : « un auxiliaire puissant[1] ».

Dans ces mots : « philosophie bergsonienne du Christianisme », le dernier renvoie donc uniquement aux faits qui dans le Christianisme intéressent la philosophie bergsonienne. Bergson sait parfaitement que l'histoire reconnaît ici un ensemble très complexe, spirituel, dogmatique, ecclésiastique; mais, comme philosophe et, très exactement, comme auteur de la philosophie qui attend la seconde partie de *L'Évolution créatrice*, ce qui l'intéresse, c'est la mystique et, au point de vue où il est placé, le reste ne serait pas de la compétence d'une métaphysique qui se veut positive. La philosophie, déclare-t-il, « laisse de côté la révélation qui a une date, les institutions qui l'ont transmise, la foi qui l'accepte » : car « elle doit s'en tenir à l'expérience et au raisonnement »[2]. Si l'on écarte ainsi le contenu de la révélation, l'Église qui en a la garde et la foi par laquelle l'âme adhère à sa vérité, on se demandera ce qui reste du Christianisme : pour le philosophe de l'énergie spirituelle, il reste le Révélateur, la personne en qui se révèle le sens de la vie, puisqu'en elle coïncide le créateur créé avec le Créateur créant. C'est pourquoi Bergson continue : pour en faire l'auxiliaire de sa recherche, il lui suffira « de prendre le mysticisme à l'état pur, dégagé des visions, des allégories, des formules théologiques[3] ».

L'imitation de l'Absolu mystique par les mystiques, c'est donc l'imitation de Jésus-Christ dans sa divinisation. Le Christianisme auquel la philosophie s'intéresse est celui qui a repris, mais pour la tenir, la promesse du démon : vous serez comme des dieux. C'est celui de la bonne nouvelle qui annonce aux hommes la déification : le bergsonisme va immédiatement au delà de celle qui annonçait leur rédemption. Ceci, pour une raison très simple : l'histoire bergsonienne de la vie dans *L'Évolution créatrice* et de l'esprit dans la préparation des *Deux sources* n'a pas rencontré l'idée de péché. Elle n'est pourtant pas un hymne à la bonne nature ! La contingence est trop essentielle au devenir pour lui permettre de dessiner un progrès sans bavures : quel gaspillage dans le passé du monde ! quels risques dans l'avenir de l'homme ! Nul ne fut, plus que Bergson, sensible à l'absurde cruauté et à la cruelle absurdité de la race de Caïn. La sagesse n'est pas ici de penser que tout est pour le mieux dans le meilleur des mondes, mais que tout peut toujours aller beaucoup plus mal dans

1. *Les deux sources*..., p. 268 (1188).
2. *Ibidem*.
3. *Ibidem*.

l'unique monde dont nous avons à nous soucier. Toutefois, les dissonances dans la nature et les malheurs de l'homme ne signalent au philosophe rien qui ressemblerait à une rupture entre Adam et Dieu, rupture dont la responsabilité incomberait à une faute du premier et dont la réparation ne pourrait être que le fait du second. Sa philosophie, d'ailleurs, ne lui permettait pas de comprendre comment la faute d'« un ancêtre inconnu » pourrait être encore actuelle, chaque acte libre n'engageant que la responsabilité du moi qu'il exprime[1]. Si Bergson découvre un jour dans les « divines paroles » des Évangiles Celui qui est la Voie, cette voie ne part pas d'une chute mais d'un prodigieux saut en hauteur, ce bond de notre espèce que sa victoire a condamnée aux victoires à perpétuité. Le *quo non ascendam* déchiffré par la philosophie dans la nature de l'homme, voilà ce qui le conduit jusqu'au Christ.

Le Christ mystique ne saurait entrer comme Rédempteur dans une philosophie qui n'a pas eu l'occasion de poser le problème du péché. Il apparaît, mais en un sens qui n'est pas celui de Pascal, comme Libérateur dans une philosophie qui raconte la longue histoire d'une libération : en lui l'homme a libéré l'espèce et s'est libéré de l'espèce. Ce n'est pas là le Christianisme des Passions ni des Mises au tombeau : c'est celui des Ascensions et des Assomptions, où l'humanité tout entière, avec le *Ressuscité* du Tintoret et la *Vierge* de Titien, est élevée dans un ciel vénitien[2].

Ce Christianisme sans péché ne cesse pourtant pas d'être une « agonie » selon le sens originel que Miguel de Unamuno donne à ce mot dans le titre

1. Cf. Propos tenus après la publication des *Deux sources*..., à Édouard Le Roy qui les rapporte dans *Une enquête sur quelques traits majeurs de la philosophie bergsonienne*, Archives de Philosophie, t. XVII, cahier I, 1947, p. 21 ; J. Chevalier, *Entretiens*..., p. 159 et 163. Ces propos créent un contexte qui ne permet pas de donner une signification proprement théologique à la phrase finale de l'alinéa sur l'héroïsme et la sainteté de Péguy dans la lettre à Daniel Halévy du 25 janvier 1939 : « Grande et admirable figure ! Elle avait été taillée dans l'étoffe dont Dieu se sert pour faire les héros et les saints. Les héros, car dès sa première jeunesse, Péguy n'eut d'autres soucis que de vivre héroïquement. Les saints aussi, ne fût-ce que parce qu'il partageait avec eux la conviction qu'il n'y a pas d'acte insignifiant, que toute action humaine est grave et retentit dans le monde moral tout entier. Tôt ou tard, il devait venir à Celui qui prit à son compte les péchés et les souffrances de tout le genre humain. » (*Mélanges*, p. 1585). La sainteté de Péguy est dans le sentiment profondément bergsonien d'une humanité sans frontières dans l'espace ni dans le temps et, de ce fait, présente en chacun de nous. Elle le conduit à Celui en qui vit pleinement l'Amour de Dieu visant cette humanité prise dans sa totalité.

2. Détail curieux rapporté par Georges Cattaui : « Aux murs presque nus de sa chambre je remarquai d'emblée deux gravures reproduisant *L'Assomption de la Vierge*, selon Raphaël et Murillo. » (*Témoignage*, dans H. Bergson, Cahiers du Rhône, p. 122). Sur le bergsonisme comme philosophie de la libération, voir l'étude du poète et philosophe marocain Mohamed Aziz Lahbabi, *Liberté ou libération ? (à partir des libertés bergsoniennes)*, Paris, Aubier, 1956.

de son célèbre ouvrage : *La agonia del cristianismo* : le Christianisme jubilant de Bergson reste un combat.

Une fois de plus, rappelons que dans cette philosophie la pensée du réel exige l'application simultanée des schèmes du continu et du discontinu. C'est pourquoi le mot « nature » est si équivoque dans le bergsonisme, surtout à l'étape des *Deux sources* où il semble que Bergson le répète avec une insistance voulue.

L'élan mystique est une intensification de l'élan vital : il est donc naturel comme l'élan vital ; mais cette intensification le tourne aussitôt contre ce qui est naturel au niveau où il n'est pas encore mystique. La nature qui crée les espèces veut des âmes closes et des sociétés closes, elle veut des égoïsmes collectifs et des chefs impitoyables, elle veut la guerre. Il est aussi dans la nature de l'homme de devenir un dieu, c'est-à-dire d'ouvrir son âme à un amour que ne limite aucun objet, d'instaurer le règne d'une humanité qui ne soit pas une patrie fermée par des frontières, de briser toutes les chaînes.

Ainsi, le vrai mysticisme est « à la recherche de quelque chose d'inaccessible[1] ». Le Sermon sur la Montagne est divin parce qu'il nous demande l'impossible[2]. Les formes de vie temporelle que le Christianisme inspire, État démocratique et Société des Nations, supposent « un grand effort en sens inverse de la nature[3] ». On pense ici à ce que Paul Claudel écrivait : « La force du Christianisme tout d'abord, c'est qu'il est un principe de contradiction. Ses exigences, en apparence démesurées et déraisonnables, sont les seules cependant qui soient réellement à la mesure de nos forces et de notre raison[4] ».

De *L'Évolution créatrice* aux *Deux sources*, l'histoire de l'élan vital multiplie les divergences qui sont irréductibles à des différences de degré ; sans cesser d'être une philosophie de la nature, le bergsonisme découvre dans la nature même et comme principe philosophique une contradiction dont la « bonne nouvelle » fut et demeure le signe. C'est pourquoi le Christianisme vu par Bergson est une sorte de levain révolutionnaire ; il introduit et entretient dans le monde des esprits un mouvement perpétuel. Dans une note, datée du 3 mai 1926 et trouvée par hasard chez un libraire, nous lisions : « Christianisme = dissatisfaction, *ergo* chambardement, *ergo* action ».

1. *Les deux sources*..., p. 228 (1156).

2. J. Chevalier, *Entretiens*..., p. 277 ; cf. p. 250-273-275 ; dans le même sens, propos tenus à J. Guitton, *La vocation de Bergson*, p. 160.

3. *Les deux sources*..., p. 306 (1216) ; cf. p. 304-306 (1214-1216 et 310-311 (1220-1221).

4. Paul Claudel, *Théatre et religion*, dans *Positions et propositions*, I, Gallimard, 1928, p. 239-240.

La philosophie bergsonienne du Christianisme est-elle achevée ?

L'idée même que Bergson se fait de la philosophie ne permet jamais de parler de philosophie achevée. Si la métaphysique est positive, cela veut dire que sa méthode la condamne à traiter les questions une à une, elle ne peut être l'œuvre d'un seul homme : le bergsonisme se résigne à laisser des problèmes non résolus. Parce qu'elle est une philosophie, personne n'a le droit de dire que sa philosophie du Christianisme est achevée. Mais, parce qu'elle est une philosophie, une confusion doit être dissipée sur la façon de la prolonger.

Rien n'empêche de concevoir un chrétien traduisant tout le *Credo* en termes bergsoniens, avec le dogme trinitaire, avec la vision judéo-chrétienne de l'histoire qui implique péché, rédemption et grâce, avec la présence de l'Église comme corps mystique ; ce serait faire avec le bergsonisme ce que d'autres ont fait avec le platonisme ou avec l'aristotélisme, c'est-à-dire mettre une philosophie au service de la « doctrine sacrée » et construire une théologie spéculative.

Sans aller jusqu'à élaborer une théologie avec le bergsonisme, on peut se demander aussi dans quelle mesure le philosophe n'a pas retrouvé l'esprit de certains dogmes. L'éternité vivante du Dieu qui dure divinement, ne serait-ce pas une variation nouvelle sur le thème du Dieu trinitaire ? N'est-ce pas une traduction métaphysique du sens que la piété découvre dans le dogme ? « O vie de Dieu en soi-même… O vie des personnes divines en leur essence, en leurs opérations et productions, en leurs émanations éternelles ! Vie du Père produisant son Fils ; vie du Fils produit, et produisant le Saint-Esprit ; vie du Saint-Esprit produit, mais liant par sa propriété personnelle et en sa personnalité propre les deux personnes qui le produisent !… O vie essentielle et personnelle ! ô vie de mouvement et de repos ! O vie à laquelle nous devons et adhérer et participer, et en laquelle nous devons accomplir notre éternité[1] ! » Si l'on voulait prolonger la théodicée des *Deux sources*, on retrouverait ainsi plus directement le Dieu de la théologie mystique que celui des métaphysiques classiques, le Dieu que l'amour pur des spirituels adore dans l'intimité des dogmes que le Dieu des philosophes non bergsoniens.

Plus modestement, il est normal de chercher dans quelle mesure la philosophie de Bergson est compatible, ou du moins n'est pas incompatible, avec les vérités de la foi dont elle n'a point parlé[2].

1. Bérulle, *Opuscules de piété*, éd. Rotureau, XIV, p. 103. On lit aussi que la Trinité est une « société vivante » XV, p. 105.

2. C'est ce qu'a fait Georges Le Roy ; on trouvera un bilan, aussi objectif qu'il est possible, des difficultés et des possibilités d'accord réel dans sa communication : *La pensée bergsonienne et le Christianisme* au congrès *Bergson et nous*. Même attitude fondamentale

Le bergsonisme n'interdit aucune de ces tentatives. Henri Bergson éprouvait, semble-t-il, beaucoup plus qu'une satisfaction de courtoisie à constater qu'elles étaient possibles; trop d'émouvants témoignages sont là pour ne pas croire qu'il a vu avec une joie sincère ses pensées cheminer dans les âmes les plus soucieuses d'orthodoxie dogmatique et les plus fidèles aux enseignements de leur Église. Mais qu'il s'agisse de mettre la nouvelle philosophie au service de la révélation à l'intérieur de la théologie, ou de la montrer retrouvant l'esprit qui vivifie la lettre des dogmes, ou simplement de prouver la possibilité de l'accorder avec des vérités surnaturelles, dans tous les cas, on ferait autre chose que prolonger la philosophie bergsonienne du Christianisme, car on considérerait dans le Christianisme précisément ce que le bergsonisme ne peut pas prendre en considération s'il veut rester une philosophie et, à plus forte raison, une philosophie qui se présente comme une métaphysique positive : le contenu de la foi. Très exactement : il n'y a plus philosophie bergsonienne du Christianisme quand le Christianisme oblige le bergsonien à sortir de la philosophie.

dans André Devaux, Le mystique et le philosophe selon Bergson, Giornale di Metafisica, 1959.

NOTE BIBLIOGRAPHIQUE

I

Tous les livres de Bergson ont été édités à Paris par la *Librairie Félix Alcan* jusqu'en 1939, puis par la société qui lui succéda, les *Presses Universitaires de France (P.U.F.)*. Les variations dans la pagination sont négligeables dans les réimpressions de la première période. Une pagination tout à fait nouvelle mais considérée comme définitive apparaît après 1939. L'édition utilisée ici est indiquée entre parenthèses après la date de la première, quand il y a lieu.

La philosophie de Bergson se déploie dans quatre livres in-8° qui en représentent les quatre étapes :

– *Essai sur les données immediates de la conscience*, 1889 (17ᵉ éd., 1917).
– *Matière et mémoire, Essai sur la relation du corps a l'esprit*, 1896 (13ᵉ éd., 1917).
– *L'évolution créatrice*, 1907 (20ᵉ éd., 1917).
– *Les deux sources de la morale et de la religion*, 1932.

En outre, Bergson a publié deux petits livres, in-12 :

– *Le rire, essai sur la signification du comique*, 1900 (16ᵉ éd., 1917).
– *Durée et simultanéité, a propos de la théorie d'Einstein*, 1922 ; 2ᵉ éd. avec trois appendices, 1923.

Enfin, Bergson a lui-même réuni en deux recueils in-8° les écrits les plus importants qu'il avait eu l'occasion de publier à côté de ses livres ; en tête du second, il a imprimé une étude inédite qui donne son titre à l'ouvrage et qui porte la date : janvier 1922.

– *L'énergie spirituelle, Essais et conférences*, 1919 (8ᵉ éd., 1922).
– *La pensée et le mouvant, Essais et conférences*, 1934.
– *Durée et simultanéité, A propos de la théorie d'Einstein*, septième édition, P.U.F. 1968, avec un Avertissement signé Jean Wahl, Henri Gouhier, Jean Guitton, Vladimir Jankélévitch.

Tous ces ouvrages, sauf *Durée et simultanéité*, ont été imprimés sur papier bible en un seul volume : Édition du Centenaire, Henri BERGSON, *Œuvres*, textes annotés par André Robinet, Introduction par Henri Gouhier, P.U.F., 1959, XXXI-1602 pages in-16. Cette édition est actuellement la seule qui présente un apparat critique et des notes historiques. Je reproduis dans mes références sa pagination entre parenthèses, à la suite du renvoi à la page de l'édition citée.

En établissant son apparat critique, M. André Robinet a constaté que le texte de certains « essais » avait été si profondément remanié qu'il était pratiquement impossible d'établir une liste de variantes; il a réimprimé les textes originaux dans : *Les études bergsoniennes*, cahier 6, P.U.F., 1961.

Bergson a publié de nombreuses pages qu'il n'a pas jugé utile de recueillir en volumes : comptes rendus de livres, discours de distribution de prix, interventions à la Société française de Philosophie, préfaces, lettres dont il avait autorisé la reproduction, rapports à l'Académie des Sciences morales, etc. Sauf un tout petit nombre d'écrits de circonstance, on trouvera tous ces textes dans :

Henri BERGSON, *Écrits et paroles*, textes rassemblés par R.-M. MOSSÉ-BASTIDE, P.U.F., 3 vol. in-8°, 1957 et 1959.

– Henri BERGSON, *Mélanges*, textes publiés et annotés par A. Robinet, Paris, P.U.F., 1972.

II

La biographie la plus complète de Bergson se trouve dans Rose-Marie MOSSÉ-BASTIDE, *Bergson éducateur*, P.U.F., 1955. On y ajoutera aujourd'hui Jean GUITTON, *La vocation de Bergson*, collection « *Vocations* », Paris, Gallimard, 1960 (l'ouvrage contient le texte de deux dissertations de Bergson à l'École normale et des souvenirs d'entretiens de l'auteur avec lui).

S'il ne faut pas prendre à la lettre et s'il faut toujours remettre dans leur contexte des souvenirs de conversations, il y a pourtant là une source d'informations intéressantes. Nous avons donc utilisé :

Gilbert MAIRE, *Aux marches de la civilisation occidentale*, Paris, Édition Baudinière, 1929, chap. I : Un témoignage sur Henri Bergson ; *Bergson mon maître*, Grasset, 1935.

A.-D. SERTILLANGES, *Avec Henri Bergson*, Gallimard, Paris, 1941.

Isaac BENRUBI, *Souvenirs sur H. Bergson*, Delachaux et Niestlé, Neuchâtel, 1942.

HENRI BERGSON, *Essais et témoignages*, recueillis par Albert BEGUIN et Pierre THEVENAZ, Cahiers du Rhône, Éditions de La Baconnière, Neuchâtel, 1943.

Charles DU BOS, *Journal, 1921-1923*, Paris, Corrêa, 1946.

Blaise ROMEYER, « Caractéristiques religieuses du spiritualisme d'Henri Bergson, En souvenir de nos entretiens », *Archives de Philosophie*, t. XVII, cahier 1 : *Bergson et bergsonisme*, Paris, Beauchesne, 1947.

Jacques CHEVALIER, *Entretiens avec Bergson*, Paris, Plon, 1959.

III

Le nombre de livres et d'articles sur le bergsonisme est considérable, voir la Bibliographie générale des études sur le bergsonisme, établie par Mme Rose-Marie MOSSÉ-BASTIDE, dans l'ouvrage déjà cité *Bergson éducateur*, p. 381-448.

Sur la pensée religieuse de Bergson, il faut d'abord rappeler les admirables pages écrites avant *Les deux sources* par Albert THIBAUDET dans *Le bergsonisme*, Paris, Éditions de la Nouvelle Revue Française, 1922, t. II, ch. X et XI. On évitera ici une longue bibliographie en renvoyant au livre de Hjalmar SUNDEN, *La théorie bergsonienne de la religion*, Upsal, 1940, puis Paris, P.U.F., 1946; on y trouvera une étude des lectures qui ont préparé *Les deux sources*, des rapports personnels de Bergson avec les ministres des diverses confessions, des discussions historiques et philosophiques qui ont suivi la publication des *Deux sources*. De ces études critiques, deux doivent pourtant être signalées parce qu'elles intéressent très directement notre sujet : Jean BARUZI, « Le Point de rencontre de Bergson et de la mystique », dans *Recherches philosophiques* t. II, 1932-1933, Paris, Boivin (étude faite à la fois au point de vue d'un penseur bergsonisant et d'un historien des religions); Étienne BORNE,

« Spiritualité bergsonienne et spiritualité chrétienne », dans *Études carmélitaines*, octobre 1932, Paris, Desclée de Brouwer (étude faite au point de Vue de la spiritualité catholique).

Depuis le livre de Sunden, on aura une idée de l'intérêt porté aux idées de Bergson sur la religion et de la diversité des points de vue en consultant notamment :

Juan ZARÜETA, *La intuition en la Filosofia de H. Bergson*, Madrid, 1941 (pour la bibliographie espagnole, voir l'art. « Bergson » dans *Diccionario de Filosofia*, de José Ferrater Mora, Buenos Aires, 4e éd., 1958).

Lydie ADOLPHE, *La philosophie religieuse de Bergson*, P.U.F., 1946, où l'auteur montre fortement l'unité du bergsonisme, mais « en rattachant Bergson à la tradition hindoue et au taoïsme (p. 5), de sorte que sa philosophie du Christianisme est à peine indiquée (p. 225, n. 5).

Romano GALEFFI, *La Filosofia di Bergson*, Rome 1919 (la 2e partie notamment).

Vittorio MATTHIEU, *Bergson, Il profondo et la sua espressione*, Turin, 1954 (Pour la bibliographie italienne, voir l'art de « Lucette Vigone» dans *Bergson et nous*, I).

John Joseph KELLEY, *Bergson's mysticism, a philosophical exposition and evaluation of bergson's concept of mysticis*M, thèse de Fribourg, 1954 (intéressante bibliographie anglaise).

Jan W. ALEXANDER, *Bergson, philosopher of réflexion*, Londres, 1957.

Rose-Marie MOSSÉ-BASTIDE, *Bergson et Plotin*, P.U.F., 1959, chap. XV, XVI, XVII et Conclusion.

Vl. JANKÉLÉVITCH, *Henri Bergson*, P.U.F., 1959, nouvelle édition de BERGSON, Alcan, 1931 ; voir les chapitres ajoutés qui concernent *Les deux sources*, chap. V, VII et l'Appendice sur : Bergson et le judaisme.

Madeleine BARTHÉLEMY-MADAULE, *Bergson et Teilhard de Chardin*, Paris, Le Seuil, 1963.

René VIOLETTE, *La spiritualité de Bergson*, Toulouse, Privat, 1968.

Marie CARIOU, *Bergson et le fait mystique*, Paris, Aubier Montaigne, 1976.

Les multiples études et discussions sur la pensée religieuse de Bergson dans *Henri Bergson...*, Cahiers du Rhône, *ouv. cit.*, partie III notamment – *Bergson et nous*, Actes du Xe Congrès des Sociétés de Philosophie de langue française, dans *Bulletin de la Société francaise de Philosophie*, Paris, A. Colin ; I. Communications, 1959 ; II. Discussions, 1960 – Samuel GAGNEBIN, *A l'occasion du centenaire de Bergson*, compte rendu des journées de Saint-Cergue organisées par la Société romande de Philosophie, dans *Studia Philosophica*, t. XIX, 1959 – *Giornale di Metafisica*, 1959, numéro consacré à Bergson, et *Revista brasileira de Filosofia*, articles sur le bergsonisme en Amérique latine, septembre et décembre 1960 mars 1961.

Étienne GILSON, *Le philosophe et la théologie*, Le Signe, Paris, Arthème Fayard, 1960, chap. VI, VII, VIII notamment, où est mise en question la possibilité d'une philosophie du Christianisme.

TABLE DES CORRESPONDANCES

Page 11, n. 3 : *Mélanges*, p. 1182 – *Écrits et paroles*, II, p. 431
Page 14, n 3 : *Mélanges*, p. 765 – *Écrits et paroles*, II, p. 294-295
Page 16, n 2 : *Mélanges*, p. 604 – *Écrits et paroles*, I, p. 204
Page 16, n 3 : *Mélanges*, p. 638 – *Écrits et paroles*, II, p. 240
– *Mélanges*, p. 661 – *Écrits et paroles*, II, p. 242
Page 17, n 1 : *Mélanges*, p. 604 – *Écrits et paroles*, I, p. 204
Page 17, n 2 : *Mélanges*, p. 657 – *Écrits et paroles*, II, p. 239
Page 17, n 3 : *Mélanges*, p. 766 – *Écrits et paroles*, II, p. 295
Page 18, n 2 : *Mélanges*, p. 776 – *Écrits et paroles*, II, p. 303
Page 19, n 3 : *Mélanges*, p. 585 – *Écrits et paroles*, I, p. 194
Page 19, n 4 : *Mélanges*, p. 1171, 1183 – *Écrits et paroles*, II, p. 424, 433
Page 26, n 4 : *Mélanges*, p. 648 – *Écrits et paroles*, I, p. 234
Page 27, n 2 : *Mélanges*, p. 1172 – *Écrits et paroles*, II, p. 426
Page 31, n 4 : *Mélanges*, p. 354 – *Écrits et paroles*, I, p. 80
Page 33, n 1 : *Mélanges*, p. 1148 – *Écrits et paroles*, III, p. 456
– *Mélanges*, p.1520 – *Écrits et paroles*, III, p. 598
Page 33, n 2 : *Mélanges*, p. 463-502 – *Écrits et paroles*, I, p. 141
Page 33, n 3 : *Mélanges*, p. 493 – *Écrits et paroles*, I, p. 158
Page 34, n 1 et n 3 : *Mélanges*, p. 474 – *Écrits et paroles*, I, p. 141
Page 34, n 2 : *Mélanges*, p. 801-802 – *Écrits et paroles*, II, p. 323
Page 34, n 4 : *Mélanges*, p. 488-490 – *Écrits et paroles*, I, p. 153-155
Page 35, n 1 : *Mélanges*, p. 480 – *Écrits et paroles*, I, p. 147
Page 35, n 2 : *Mélanges*, p. 464 – *Écrits et paroles*, I, p. 139
Page 35, n 3 : *Mélanges*, p. 488 – *Écrits et paroles*, I, p. 153
Page 35, n 5 : *Mélanges*, p. 1170 – *Écrits et paroles*, II, p. 423
Page 35, n 6 : *Mélanges*, p. 464 – *Écrits et paroles*, I, p. 139
Page 37, n 1 : *Mélanges*, p. 1181–182 – *Écrits et paroles*, II, p. 430-431
Page 37, n 2 : *Mélanges*, p. 964 – *Écrits et paroles*, II, p. 365-366
Page 37, n 3 : *Mélanges*, p. 480 – *Écrits et paroles*, I, p. 146

Page 37, n 4 : *Mélanges*, Avant-propos, p. XII-XIII – *Écrits et paroles*, I, Avant-propos, p. 1
Page 44, n 3 : *Mélanges*, p. 354 – *Écrits et paroles*, I, p. 80
Page 45, n 1 : *Mélanges*, p. 485-486 – *Écrits et paroles*, I, p. 151
Page 49, n 7 : *Mélanges*, p. 587-589 – *Écrits et paroles*, I, p. 198
Page 53, n 1 : *Mélanges*, p. 731 – *Écrits et paroles*, II, p. 266
Page 58, n 1 : *Mélanges*, p. 1191-1194 – *Écrits et paroles*, III, p. 443
Page 75, n 2 : *Mélanges*, p. 1149 – *Écrits et paroles*, III, p. 456-457
Page 86, n 1 : *Mélanges*, p. 586 – *Écrits et paroles*, I, p. 195
Page 86, n 2 : *Mélanges*, p. 885-887 – *Écrits et paroles*, II, p. 359-360
Page 87, n 1 : *Mélanges*, p. 377 – *Écrits et paroles*, I, p. 114-117
– *Mélanges*, p. 394 – *Écrits et paroles*, I, p. 121-123
– *Mélanges*, p. 402-403 – *Écrits et paroles*, I, p. 125
Page 87, n 2 : *Mélanges*, p. 408 – *Écrits et paroles*, I, p. 127
– *Mélanges*, p. 662-670 – *Écrits et paroles* II, p. 243 *sq.*
Page 87, n 3 : *Mélanges*, p. 409 – *Écrits et paroles*, I, p. 127
Page 87, n 4 : *Mélanges*, p. 672 – *Écrits et paroles*, II, p. 252
Page 89, n 4 : *Mélanges*, p. 396 – *Écrits et paroles*, I, p. 116
Page 91, n 2 : *Mélanges*, p. 766 – *Écrits et paroles*, II, p. 296
Page 92, n 1 : *Mélanges*, p. 964 – *Écrits et paroles*, II, p. 365
Page 93, n 1 : *Mélanges*, p. 766-767 – *Écrits et paroles*, II, p. 296
Page 96, n 2 : *Mélanges*, p. 365 – *Écrits et paroles*, I, p. 88
Page 97, n 2 : *Mélanges*, p. 881 – *Écrits et paroles*, II, p. 284
Page 98, n 1 : *Mélanges*, p. 964 – *Écrits et paroles*, II, p. 365
– *Mélanges*, p. 1147 – *Écrits et paroles*, III, p. 455
Page 98, n 3 : *Mélanges*, p. 881 – *Écrits et paroles*, II, p. 284
Page 98, n 4 : *Mélanges*, p. 492 – *Écrits et paroles*, I, p. 158
Page 99, n 1 : *Mélanges*, p. 495 – *Écrits et paroles*, I, p. 159-160
Page 99, n 2 : *Mélanges*, p. 579-581 – *Écrits et paroles*, I, p. 192
– *Mélanges*, p. 587-588 – *Écrits et paroles*, I, p. 198
– *Mélanges*, p. 785-786 – *Écrits et paroles*, II, p. 316
– *Mélanges*, p. 816-817 – *Écrits et paroles*, II, p. 336
Page 100, n 2 : *Mélanges*, p. 1541 – *Écrits et paroles*, III, p. 616
Page 100, n 3 : *Mélanges*, p. 580 – *Écrits et paroles*, I, p. 192
Page 101, n 2 : *Mélanges*, p. 817 – *Écrits et paroles*, II, p. 335
Page 103, n 1 : *Mélanges*, p. 964 – *Écrits et paroles*, II, p. 365-366
Page 107, n 2 : *Mélanges*, p. 788-790 – *Écrits et paroles*, II, p. 313-314
Page 136, n 1 : *Mélanges*, p. 1585 – *Écrits et paroles*, III, p. 651

TABLE DES MATIÈRES

Imprimerie de la Manutention à Mayenne – Mai 1999 – N° 172-99
Dépôt légal : 2e trimestre 1999